读书架【双色版】

中华上下五千年·秦汉

冯慧娟◎主编

辽宁美术出版社

图书在版编目（CIP）数据

中华上下五千年.秦汉 / 冯慧娟主编.—沈阳：
辽宁美术出版社，2017.12（2019.6重印）
（全民阅读书架）
ISBN 978-7-5314-7858-4

Ⅰ.①中… Ⅱ.①冯… Ⅲ.①中国历史—秦汉时代—
通俗读物 Ⅳ.① K209

中国版本图书馆 CIP 数据核字 (2017) 第 310602 号

出 版 社：辽宁美术出版社
地　　址：沈阳市和平区民族北街 29 号　邮编：110001
发 行 者：辽宁美术出版社
印 刷 者：北京一鑫印务有限责任公司
开　　本：787mm×1092mm　1/32
印　　张：5
字　　数：100 千字
出版时间：2017 年 12 月第 1 版
印刷时间：2019 年 6 月第 5 次印刷
责任编辑：彭伟哲
装帧设计：新华智品
责任校对：郝　刚
ISBN 978-7-5314-7858-4

定　　价：29.80 元

邮购部电话：024-83833008
E-mail：lnmscbs@163.com
http://www.lnmscbs.cn
图书如有印装质量问题请与出版部联系调换
出版部电话：024-23835227

前言|FOREWORD

古罗马著名历史学家李维曾说过："研究研究过去的事，可以得到非常有用的教育。在历史真相的光芒下，你可以清清楚楚地看到各种各样的事例。你应当把这些作为借鉴。"我国古代著名帝王唐太宗也曾经说："以史为鉴，可以知兴替。"的确，如果能够通过阅读了解一些历史知识，总结一些兴亡成败的教训，无疑将有助于我们在面对人生时作出明智的选择和判断。可以说，读史是我们积累经验、增长见识、汲取智慧的重要途径之一。

然而，当我们回首过去，试图了解那段跌宕起伏的岁月，探访先人的事迹和心声时，却常常因为它过于广袤浩瀚而感到茫然。面对长达五千年的中国历史，我们该以怎样的方式去解读呢？其实，历史的一切起承转合，大都源于一系列的人物和事件。这些人物和事件或是开启了一个新的时代，或是改变了历史前进的进程，或是为历史的发展埋下

前言|FOREWORD

了千里伏笔……它们点点相连，构成了整个历史的庞大体系。因此，了解了这些人物和事件，也就能够窥斑知豹，找到开启历史大门的钥匙。

为此，我们特地为热爱中国历史的读者量身订做了"中华上下五千年"系列的七本书，从夏商至明清，选取中国各个历史时期的重要人物和重要事件，以简洁明快的语言，精美鲜明的图片来讲述历史故事，力图帮助读者系统了解中国历史的整体架构，探寻那些荣辱沉浮的深层原因。

我们相信，这些书一定能够为广大读者带来一些有益的启迪。

目录
CONTENTS

秦朝

中国第一个封建帝国（公元前221年 — 前206年）

汉楚之争

双雄争锋天下（公元前206年 — 前202年）

西汉

统一强盛的王朝（公元前206年 — 公元8年）

西汉文化

辉煌灿烂

东汉

中兴汉室的王朝（公元25年—220年）

东汉文化

博大精深

秦朝

中国第一个封建帝国（公元前221年—前206年）

千古一帝秦始皇

经过多年鏖战，秦王嬴政终于在公元前221年彻底扫灭群雄，建立了大秦帝国。自此，自东周起诸侯纷争、战乱不休的局面宣告结束。作为中国历史上的首位皇帝，秦始皇嬴政首次实现了中国在政治上的大一统，从而为后世王朝争相统一中华做出了榜样。

功高盖世，自称皇帝

一统华夏后，自认为功劳无人能及的嬴政，觉得"秦王"的称号不足以彰显其盖世伟业，所以决定重新拟定尊号。随后，他命群臣集思广益，评定尊号。有的大臣认为应该用"皇"，有的大臣认为应该用"帝"，因为他们认为嬴政的功绩堪比古代贤君三皇五帝。然而，嬴政却对三皇五帝不屑一顾，经过一番思量，他最后将"皇"和"帝"合二为一，并称"皇帝"，言外之意就是自己的伟业远在三皇五帝之上。

此后，为了体现皇帝独一无二的威权，秦始皇又作了一番要求：皇帝称呼自己为"朕"，皇帝之命叫"制"，皇帝之令叫"诏"，皇帝私人印信叫"玉玺"，皇帝之妻叫"皇后"，皇帝之父叫"太上皇"，皇帝之母则叫"皇太后"。从此，这些世界上绝无仅有的皇室称谓，便开始流传了下来。此外，嬴政还自称"始皇帝"，宣布将来继承帝位的皇子称"二世""三世"，以至万世，幻想秦王朝的统治能延续千秋万代。

改革旧制，巩固集权

为了巩固中央集权，秦始皇决定对国家体制进行一番变革，具体方法有以下几条：

首先，对官制实行改革。为了有效地治理国家，秦始皇决定设立三公。三公包括丞相、太尉和御史大夫。丞相相当于如今的总理，主要负责辅助皇帝；太尉相当于如今的国防部长，主要负责军事；御史大夫则相当于如今的纪检委员，主要负责监察官员，同时也为皇帝撰写诏书。

其次，在全国推行郡县制。建国之初，全国共设有36个郡，每个郡又设有若干个县，每个县又设有若干个乡，每个乡又设有若干个亭，每个亭又设有若干个里，而里下又设有什，什下则设有伍。主管郡里事务的最高官员叫郡守，主管县里事务的最高官员叫县令。

再次，修建长城。为了防备北方的匈奴大军，秦王朝在推倒六国长城后，在其废墟上修建了东起辽东，西至陇西的万里长城。

最后，统一文字、货币、度量衡。秦帝国建立前，六国都有自己的文字、货币和度量衡。继续沿用，就会使朝廷无法进行统一的管理，同时也阻碍各地间的文化交流。

秦长城排水陶瓦

〔秦〕铜量

在此情况下，秦始皇决定在全国各地统一文字、货币以及度量衡。

以上各种政策的实行，极大地巩固了秦王朝的政权，同时也推动了全国各地的经济发展和文化交流。

此外，秦始皇还加强在思想上的控制。他采纳李斯的建议：1. 除了《秦记》、医药、卜筮、种树等书籍以外，私藏的《诗》《书》以及百家言论的书籍，一概烧掉；2. 谁要是在私下谈论这类书，办死罪；3. 严禁私学，"以吏为师"。这就是历史上的"焚书"事件。没过多久，一些方士和儒生对秦始皇发表了不满的言论，秦始皇得知后火冒三丈，立即下诏逮捕生事儒生，在咸阳坑杀了儒生460余人。这就是历史上的"坑儒"事件。

焚书、坑儒两件事在我国历史上臭名昭著，它们不仅导致我国众多古典史籍被焚毁一空，还导致我国自春秋时期发展起来的百家争鸣的文化氛围彻底中断。可以说，焚书坑儒事件是我国文化史上一次严重的灾难。

残暴统治，寿终归西

秦始皇统一全国后，虽然采取了一些促进社会发展的

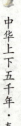

措施，但是秦统治者对人民的残暴统治和无限制的搜刮，也给人民带来沉重的灾难，农民阶级和地主阶级之间的矛盾不断深化。

秦始皇的暴虐行为数不胜数，为了满足个人私欲，他耗费众多人力、物力、财力修建骊山墓。当时，大秦帝国约有2000万人口，而从事劳役的就有200多万人，并且这200多万人都是壮劳力，如此一来，土地无人耕种，给农业造成了极其严重的影响。一边是暴敛重赋，一边是繁重的徭役，人民生活于水深火热之中。

他在称帝后，还常常到全国各地巡游，一是为了显扬自己的盖世伟业，二是希望见到神仙，求得长生药。然而，公元前210年，在求仙之路上，他突发急症，死在沙丘（今河北广宗附近）。

作为中国历史上第一位皇帝，秦始皇做了一些顺应历史潮流的事情，比如平灭诸侯纷争，统一中国，统一文

秦始皇陵兵马俑阵

字、货币和度量衡，等等，不仅维护了国家统一，而且也促进了各民族、地区之间的文化和经济交流。秦始皇统治时期，秦朝疆域超过前朝，而且国家权力更为集中。不过，秦始皇的许多暴虐行为，诸如建宫殿，建陵墓，定酷刑，让百姓困苦不堪；他还阻碍文化进步，禁锢思想，制造了臭名昭著的焚书坑儒事件。秦始皇的功过是非，我们无法简单评说，但是，作为我国历史上拥有重要影响力的皇帝，秦始皇的历史贡献是不容忽视的。

〔秦〕高足玉杯

昏君秦二世

秦二世本就荒淫昏聩，再加上奸臣赵高的教唆鼓动，他的残暴程度比其父更甚。他不仅对朝中大臣残忍屠戮，就是对自己的兄弟姐妹也是残忍有加，毫无人性。秦朝只经历了两代，秦始皇是开国之君，二世是亡国之君。二世在位期间，大秦帝国朝纲败坏，民不聊生。

篡夺帝位，荒淫无道

秦二世，姓嬴名胡亥，始皇少子，其兄便是太子扶苏。

公元前210年，秦始皇病死。宦官赵高拉拢丞相李斯，伪造诏书废掉太子扶苏，立胡亥为帝，胡亥顺利登基，掌握了秦政权。

胡亥用令人生疑的手段夺取政权，为了巩固自己的统治，开始诛杀手足，残害忠良。在赵高的诬陷下，胡亥在将12个兄弟处死，逼死4个兄弟后，又在杜邮（现在陕西咸阳东）将6个兄弟和10个姐妹杀死，刑场惨不忍睹。

秦始皇的子女都被杀完了，胡亥又开始借故制造冤狱，残杀忠臣。赵高想起蒙毅曾经判过自己死刑，这可以说是深仇大恨，再加上他担心手握重兵、功高盖世的蒙恬对自己构成威胁，于是想尽办法诬陷蒙氏兄弟，而偏听偏信的昏君秦二世竟然先派人杀掉蒙毅，然后又派人逼蒙恬自杀。眼见胡亥大开杀戒，大臣冯去疾和将军冯劫为免遭羞辱，也选择了自尽。

处理完当朝大臣后，地方官员又成了二世斩杀的目

中华上下五千年·秦汉

赵高指鹿为马

标。公元前209年，二世出巡全国各地，途中，赵高建议他趁机树立自己的威信，将那些不听话的官吏全部诛杀。胡亥再次听了他的话，一路下来，杀了不少地方官吏，以至于许多地方都没人敢当官了。

不久，在赵高的煽动下，秦朝重臣李斯也被二世残杀。李斯死后，秦朝的忠臣良将几乎全部惨死，而朝廷则由奸臣所控，自此，大秦帝国开始分崩离析。

走投无路，被逼身亡

将忠良诛杀殆尽后，二世终日深居后宫，寻欢作乐，于是，赵高便独揽朝政大权。胡亥一直都不了解天下的真实情况，等到陈胜的军队逼近了咸阳，他才着了急，听从了大将章邯的建议，让章邯率领骊山刑徒出战迎敌。后来，章邯兵败于项羽。失去了章邯的秦朝，根本不堪一击，江山危在旦夕。

眼见大势已去，胡亥才明白过来，所谓天下太平，只是赵高编造的一片谎言。眼看亡国在即，二世开始埋怨赵高了，屡次派使者责备他。赵高见胡亥已有不信任自己的迹象，就准备对胡亥下手了。

不久，赵高假称有盗贼到来，派亲信进宫捕捉，二世明白死期将至，便哀求使者："我能见见丞相吗？"使者没有同意。胡亥又说："我只求做一个郡王。"使者还是说不行。胡亥又说："那让我做一个万户侯吧。"使者依然说不行。胡亥无奈地说："做普通百姓总可以吧？"但还是被拒绝了！无奈之下，年仅24岁的二世被逼自杀了。

秦朝建国之初，秦始皇曾意气风发地诏告群臣："朕为始皇帝，从今以后，二世三世至于万世，传之无穷！"不料，他预想的万世基业在二世手中便结束，遗笑后世。至于胡亥的结局，只能说是咎由自取，用西汉名家司马相如的话说，就是"持身不谨兮，亡国失势，信谗不悟兮，宗庙灭绝"。

秦二世胡亥墓

大泽乡起义

秦始皇和秦二世统治期间，不顾百姓死活，穷奢极欲，滥用民力，大兴土木，使百姓生活于水深火热之中。于是，全国各地起义频发，其中声势最为浩大的便是公元前209年爆发的陈胜、吴广领导的农民大起义。在他们的推动下，起义烽火很快便烧遍了秦朝大地，反秦大起义如火如荼地开展起来了。

陈胜揭竿，反抗暴秦

秦朝建国后，秦始皇及至秦二世不断地征发徭役和劳役，修建阿房宫、骊山陵墓、长城，对南越用兵等，有些行为虽对巩固统一有积极作用，但却耗费了大量人力和财力，致使人民的负担日益沉重。

公元前209年，秦二世命令阳城（河南省方城县）官员派两名军官押送900人到渔阳（现在的北京密云）去守卫，押送官为了便于管理，便从这些民夫中挑了两个人，让他们去管理这900人。其中一个是以打长工为生的阳城人陈胜，另一个是阳夏

篝火狐鸣

（现在的河南太康县）农民吴广。当时正是7月，雨水非常多，他们走到大泽乡（现在安徽宿县）时，天下起了大雨，无法继续走路。无奈之下，他们只好就地休息。但是，如果不能准时赶到渔阳，按照当时法律他们是要被处死的。陈胜与吴广商量："去也是送死，逃亡被抓回来也是死，与其白白送死，还不如干一番大事业！如今秦朝暴政已经引起了天下人的不满。秦二世乃是篡位之主，秦始皇长子扶苏以及楚国大将项燕都颇有威名，如果咱们借其名义召令天下人反秦，必可成事。"

为了尽可能号召更多的民众反秦，陈胜和吴广便利用鬼神迷信达到目的。他们以"鱼腹丹书，篝火狐鸣"的方法，制造舆论，同时杀掉了两个秦尉，发动起义，陈胜自立为将军，吴广为都尉。戍卒们"斩木为兵，揭竿为旗"，发动了中国历史上第一次大规模的农民起义。

转战南北，最终兵败

陈胜、吴广起义后，很快得到了附近饱受苦难的老百姓的积极响应，他们纷纷为起义军送粮食，并举锄加入起义队伍。在陈胜、吴广的率领下，起义军从大泽乡出发后又攻下了蕲县，随后，陈胜又派兵连克五县，很快把起义的火种带到了中原大地。

起义军打进陈县（现在的河南省淮阳县）时，建立了"张楚"政权，陈胜为王。起义军乘胜前进，分三路攻秦。吴广为"假王"，西击荥阳；武臣北进赵地；周文进攻关中。

周文以前是项燕的部将，其军事才能非常出众。在进

陈胜、吴广揭竿而起

攻关中的过程中得到广大农民拥护，扩大了军队队伍，不久便进抵关中的戏水（今陕西临潼境），逼近咸阳。秦二世见起义军打到都城附近，十分惊慌，急忙派章邯率领几十万在骊山修墓的刑徒，迎击起义军。周文率领的农民军，虽然英勇作战，但因为孤军深入，又缺乏训练，没有多少作战经验，连吃败仗，周文兵败自刎。

吴广带领的起义军也迟迟攻不下荥阳。此时，起义军将领田臧又与吴广在军事部署上发生分歧，最后竟然阴谋杀害了吴广，吴广死后，军心涣散。章邯率军攻来，田臧兵败被杀。

接着，章邯率军向陈县扑来，陈胜亲自领导起义军奋力抵抗，但因为兵力太少，不幸失利，败退至下城父（今安徽蒙城）。这时，陈胜的车夫庄贾暗杀了陈胜，之后，投降了秦军。陈县又被秦军占领。轰轰烈烈的大泽乡起义失败了。

大泽乡起义沉重地打击了秦王朝，开辟了中国古代农民反抗封建统治的革命道路。虽然陈胜和吴广领导的农民大起义最终失败了，但作为中国历史上第一次大规模农民战争的领导者，他们已然名垂青史。

刘邦、项氏反秦

在大泽乡起义的推动下，农民起义的烽火很快烧遍了秦王朝的各个辖区。义军不断攻城拔寨，建立政权，使秦王朝逐渐步入了崩溃的边缘。在这种情况下，沛县刘邦也趁机起兵抗秦，从而开始了其反秦称霸的光辉人生。此外，出身高贵又颇有威望的项梁和项羽，在陈胜死后将所有义军联合起来抗秦，沉重地打击了秦王朝的统治。

沛中豪杰，举旗反秦

刘邦，字季，秦朝泗水郡沛县（今江苏丰县）人，西汉王朝的开国皇帝。当时，社会刚从动荡走向统一，便又战乱不休。

刘邦为人豁达大度，厌恶读书，虽然爱说大话，但乐于助人。后来，他做了泗水的亭长(相当于村长之类的小官)，由于为人豪爽，在当地人人知其大名。

刘邦之妻是沛县名人吕公的女儿吕氏，名叫吕雉，也就是后来的吕后。婚后不久，刘邦被派押送犯人去骊山，这些犯人知道到了骊山肯定难逃一死，因此都趁机逃跑了，刘邦也没办法制止，干脆将所有犯人都放了，让他们赶紧逃命。有些人不愿离开他，表示要跟着他，与他同舟共济。于是，刘邦便带领他们当起草寇，四处流亡。

陈胜、吴广起义爆发后，各地百姓纷纷杀死官吏，响应起义。公元前209年，刘邦在沛县县吏萧何、曹参的支持下，斩杀了县令。接着，众人又准备推举刘邦为沛公，领

取而代之

导大家起义。刘邦推辞，说："我何德何能，根本无力担此重任。沛县英雄豪杰应有尽有，希望大家重新找一个人来当此重任。"但是，所有人都说他是赤帝之子，此番领导起义，乃是天意。刘邦见众人确实是真心推举自己，便当仁不让地坐上沛公之位，领导百姓祭旗反秦。

也许刘邦起义之初确实未曾想到自己将来会登基称帝，不过，当他走出第一步时，便已经进入了群雄争霸的洪流。

楚国贵族，趁势举兵

公元前209年7月，陈胜发动了大泽乡起义，由此点燃了推翻暴秦的导火索。两个月后，项氏后人项梁和项羽也拉起了反秦的大旗。

项梁是项羽的叔叔，项羽自幼父母双亡，一直和叔叔生活。项羽身长八尺开外，力能扛鼎，但从小便不喜欢读书。于是，项梁便让他学剑术和兵法。

陈胜领导的农民大起义爆发后，各地纷纷起兵响应，项梁、项羽杀死会稽郡郡守殷通后，也召集江南8000子弟兵发动起义，以配合陈胜。

陈胜被杀后，其部将召平横渡长江，前往项梁营地。稍事休整后，他和项羽便率领江东8000子弟兵渡江西进。项梁和项羽本是楚国名门望族之后，在楚地影响力极大，如今以陈胜之名前去抗秦，更是众望所归——一到楚国旧地，陈婴便首先率领自己的部队归附，不久，当地许多反秦军队也纷纷前来归附。此外，谋士范增、名将钟离昧、韩信以及张楚政权的吕臣等人也归附了项梁。重新整编队伍后，各路义军开始互相合作、互相协调，继续攻击秦朝军队。

项梁又多次击败大将章邯率领的秦军。最后，他率兵攻入了定陶（今山东菏泽），又派刘邦和项羽带领军队向西进军。

项梁自从渡江以来，连战连捷，这时，他不免有了骄傲情绪和轻敌思想。在他的影响下，三军将士亦是如此。在项梁缺乏戒备的情况下，章邯趁雨夜偷袭定陶，并击杀了项梁，起义军失利。

虽然腐朽的秦王朝并不是项梁直接率军推翻的，但是，各路义军在他的组织下联合起来，实力大增。他为推翻秦王朝的统治做出了不可磨灭的贡献。

巨鹿之战

    章邯击败陈胜后，立即率军攻击河北的义军，经过一番角逐，秦军最后包围了义军。在此危急时刻，项羽带兵前来营救，而刘邦则率军西击秦军，攻打关中。在秦军远远多于义军的情况下，项羽以惊人的胆识，在巨鹿"破釜沉舟"击败秦军。巨鹿之战不仅沉重打击了秦军主力，也为刘邦牵制了秦军主力，使他顺利攻下了咸阳。

章邯破赵，义军被围

    项梁死后，章邯决定撤出黄河以南地区，平定赵国，因为他觉得楚军已经元气大伤。随后，章邯击败赵军，占领其都城邯郸。赵王歇退守巨鹿城，章邯命王离部包围巨鹿，自率大军屯兵巨鹿以南的棘原，修建通道补给王离大军。

    赵王歇遣使求救于楚军。为避免反秦武装力量被各个击破，楚怀王分兵两路，一路以宋义为上将军、项羽为次将军、范增为末将，率军北上救赵，桓楚、英布、蒲将军等亦同行；另一路兵马由刘邦率领西进关中。楚怀王明言："先入关中者王之。"

    楚军到达安阳（今山东曹县东）后，宋义就驻兵不进，企图坐观秦赵相斗，坐收渔翁之利。项羽一再建议立即渡漳河救赵，与赵军内外夹击以破秦，否则以秦之强，必灭赵。宋义不听，还下令，军中如有不从命者皆斩。

    当时天气很冷，又下起了大雨。士兵饥寒交迫，对宋

破釜沉舟

义十分不满。项羽见此情景,马上闯入宋义帅帐,抽剑杀死了宋义,接着召集三军将士,大声说道:"宋义身为统帅,却驻兵在此,不去营救赵军,其实他想谋反,幸亏被我察觉,我已经把这贼子杀了。"众将士听说宋义被杀,均高声欢呼,并立即推举项羽代替宋义为上将军。随后,项羽马上率军渡过漳河,抢占对岸阵地。

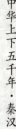

破釜沉舟，秦军大败

渡河后，项羽下令烧毁军营，将军中所有做饭之锅一律砸碎，并将所乘船只凿沉，每人只带三日干粮，以示誓死决战的决心。看到既无多余之粮，又无战船，楚军将士明白，如今已是无路可退，只有击败秦军，才有生存的可能。接着，项羽率军和王离的秦军展开了殊死搏杀。

其实，当时有众多兵马前来救援赵国。但是，慑于秦军之威，都按兵不动，静观其变。当他们看到楚军和秦军激烈的战斗后，全看呆了。楚军士兵舍生忘死地冲杀秦军，"观战者"吓得浑身颤抖，不敢呼吸。楚军大胜后，邀请他们到军营相见，他们一进大营，便不由自主地跪地而行，连抬头的勇气都没有。

此战中，秦将苏角战死，王离被俘。自此，各路反秦将领皆臣服于项羽，各路诸侯也都纷纷表示愿听命于他。

巨鹿大战中，义军一举歼灭了秦军主力，扭转了整个反秦战争的战局，对于推翻秦王朝反动腐朽的统治具有决定性的意义。自此，秦王朝已经名存实亡。

〔秦〕青铜弩机构件

刘邦入关灭秦

巨鹿之战的同时，刘邦向西进发。巨鹿之战牵制了秦军主力，所以刘邦在西进时受到的抵抗较少，沿途所到之处，收编了许多地方武装，同时也招降了许多郡县，最后非常顺利地逼近了咸阳城。面对强大的义军，秦王子婴最后无奈地出城投降。于是，中国历史上第一个封建集权制政权宣告灭亡。

刘邦西进，兵临咸阳

项羽大战秦军时，刘邦正率军向西进军。刘邦大军所到之处，那些被秦军打败的义军游兵纷纷前来归附，此外，各地的许多反秦力量也都归附于刘邦，因此刘邦的队伍也日渐强大。

公元前207年2月，刘邦率军经过高阳（今河南杞县西）时，一个军师献计攻取陈留（今河南开封东南）的粮仓，拿下粮仓后，刘邦大军的后勤问题得以彻底解决。

同年3月，刘邦率军攻打开封（今河南开封西南）、曲遇（今河南中牟东），大败秦将杨熊。随后，沛公部顺利地攻到了南阳城。

刘邦将本军旗帜全部换成秦军旗帜，然后率军连夜急行，绕道前往南阳，黎明时分，包围了南阳城。南阳郡守被迫投降。

刘邦下令，所有将士进入南阳城后，如有奸淫掳掠者，一律处斩。百姓听说后，自然欣喜。此后，义军沿途遇到的秦将大部分都被刘邦招降，就连秦朝各地的王爷也投降了。很快，刘邦便率军兵临武关。

子婴出降，秦朝灭亡

〔秦〕怪兽形金饰

不久，刘邦开始攻打武关。武关失陷，咸阳必将不保，赵高看到咸阳城危在旦夕，便派人阴谋杀害了秦二世，立子婴为秦王。子婴又杀了赵高等。公元前207年10月，刘邦已兵临灞上，而灞上正是咸阳城的最后一道屏障。

秦王子婴情知败局已定，便带玉玺亲自向刘邦请降。至此，秦亡。

刘邦进入咸阳之后与百姓约法三章：第一，杀人要偿命；第二，打伤人要治罪；第三，偷盗的要判罪。除了这三条，秦朝其余的法律一概废除。老百姓见刘邦对他们如此宽大仁慈，便争先恐后地拿着牛羊肉、酒和粮食去慰劳士兵。刘邦再三推辞不受。老百姓见刘邦如此爱护他们，都希望他能够永远在关中做王。在这种形势下，有人建议刘邦增兵函谷关。他们认为，只要将函谷关守住，其他军队便无法入关。这样一来，刘邦便自然成为关中之王了。刘邦听后，激动不已，马上加派兵马镇守函谷关。

就这样，横扫六合、一统天下的大秦帝国正式退出了历史舞台。

汉楚之争

双雄争锋天下（公元前206年—前202年）

鸿门宴后项羽分封

闻听刘邦欲做关中王，项羽大怒，决意向其问罪。刘邦明白自己还不是项羽的对手，所以前往项羽军中请罪，于是，项羽便摆上了杀机暗藏的鸿门宴。鸿门宴过后，反秦斗争宣告结束。刘邦返回灞上，项羽率军将咸阳洗劫一空，他将秦朝宫殿统统焚毁，将金库中的财物全部据为己有。随后，他又自称"西楚霸王"。接着，项羽将各路诸侯分封为王，刘邦被封为汉王。但刘邦与项羽之间的楚汉之争却正式开始了。

项庄舞剑，意在沛公

公元前207年，项羽消灭秦军主力后到达函谷关，进驻

项庄舞剑

鸿门（今陕西临潼东），意图消灭刘邦军队。

项羽当时拥兵40万，号称百万，而刘邦只有军队10万，号称20万。刘邦自知寡不敌众，采纳张良意见，亲自到鸿门言和。项羽设宴款待刘邦。众人入席后，刘邦恭恭敬敬地向项羽谢罪，并说自己是如何如何忠心，绝对不会背叛项将军。项羽看到刘邦如此谦卑，心中十分得意，便不再嫉恨刘邦。项羽明确表示将撤销命令，不再攻打刘邦。范增认为不杀刘邦必有后患，召来项庄，要他舞剑，趁机杀死刘邦。项伯看出，"项庄舞剑，意在沛公"。于是，他也请求舞剑助兴。项庄边舞剑边寻机刺杀刘邦，但项伯努力用自己的身体掩护刘邦，因此项庄始终得不到机会。面对眼前的刀光剑影，刘邦吓得冷汗直流。

随后，刘邦借口上厕所走出大帐，不一会儿，张良也来到帐外。张良让刘邦立即回营，刘邦虽然有点犹豫，但在张良劝说下，还是决定马上返回灞上。

鸿门宴上众人表面把酒欢歌，实则暗藏杀机，各有盘算，鸿门宴的结束，正宣告了楚汉战争的开始。

火烧秦宫，自立为王

在鸿门宴后，项羽率军进入咸阳，由于他对秦朝愤恨不已，便在处死子婴后，又放火焚烧秦宫，大火一直烧了三天三夜。

这时，又有人提出，残害六国百姓的不只有秦王，还有秦国的官员。于是，项羽又下达命令，将秦国官员和贵族统统处死。一时间，咸阳城血流成河。秦国百姓看到此种惨状，人人自危。此时此刻，项羽在他们眼里

阿房宫图卷

与暴君无二。

项羽召开了各路诸侯参加的会议，在此次会议上，项羽尊楚怀王为"义帝"，自封为"西楚霸王"，然后按自己的喜好分封了十八路诸侯，其中以汉王刘邦、九江王英布最为著名。但是，项羽分封诸侯，"任人唯亲"，所以不但没有统一各路诸侯，反而加剧了他们之间的矛盾。项羽的分封，引起一些将领的不满，那些被贬的或未封王的将领更是怀恨在心。当初楚怀王与诸侯约定，先入关中者为王，刘邦先入关，但因实力不敌项羽而仅被封为汉王，刘邦为此不平。握有重兵的田荣未被封王，首先在齐地起兵反叛项羽，刘邦乘机进兵关中，与项羽展开了近四年的楚汉之争。

项羽在咸阳城的疯狂屠杀，已经使其丧失了民心；在分封诸侯时，他任人唯亲的行为更引起了很多人的愤慨。项羽的所作所为，注定他难成天下之君。

楚汉分界

刘邦占据关中后，率军出关大战项羽。初战时，刘邦连吃败仗，连家人都被项羽所擒。后来，刘邦逐步占据了优势，而项羽却陷入了兵穷粮尽的困境。无奈之下，项羽与刘邦划分辖地，签约议和。其实，划分"楚河汉界"只是刘邦的权宜之计，他早就立下了消灭项羽、一统天下的决心。

讨伐项羽，鸿沟分界

关中安定后，刘邦发现项羽已经陷入齐赵联军的夹击下，他认为出兵争夺天下的时机已经到来，所以决定出关东进。就在这时，"义帝"被项羽阴谋杀害，刘邦闻讯后，痛哭不已，号召诸侯讨伐项羽，从而拉开了楚汉战争的序幕。

公元前205年3月，刘邦率领灌婴、曹参等将进攻魏王豹，魏王豹未作抵抗便投降，并与刘邦合兵攻击殷王司马卬。之后，汉军一举攻占了项羽的都城——彭城。项羽闻讯后，急率精兵支援彭城，于是彭城大战爆发了。

项羽率军在彭城西遭遇汉军，结果汉军大败。刘邦大军虽有60万，但最后却全部溃逃。不久，汉军在沛县又大败，死伤惨重。接着，项羽与汉军在彭城睢水之上大战，汉军再次大败。

刘邦退往荥阳后，其军队得到萧何征得的关中兵员的补充，韩信亦率援军赶到。刘邦遂率军在荥阳南战败楚军，阻止了楚军的西进攻势。此后，楚汉之争便在荥阳地区进入了相持阶段。

眼见走投无路，刘邦便准备与项羽议和，并提出以荥阳为分界划分领土。项羽因后援不继，认为此条件可以答应，与汉讲和。约定中分天下，楚汉以鸿沟（现在河南荥阳、中牟和开封一线）为分界线，东西分治。东归楚，西归汉。

楚汉分界是项羽实力走向衰弱的标志，此时，项羽已经难以摆脱失败的命运。

垓下之战，乌江自刎

楚汉分界后，项羽已经丧失了战略优势，但他还深信鸿沟和约之力，因此对汉军没有丝毫戒备便率军后撤，这便给了刘邦乘势追击的机会。面对刘邦大军的咄咄逼人之势，项羽决定退守垓下，不返江东，这是一个重大的战略失误：其实，项羽并不是已经无路可退，但他却顽固地与刘邦对峙，最终导致楚军陷入汉军的重重包围之下。项羽最后以"无颜见江东父老"为由拒不过江，自刎而死。项羽之死，标志着楚汉之争的结束。身为武将，项羽以其勇猛光耀后世；身为君王，项羽却以其无谋贻笑大方。

撕毁和约，攻击霸王

项羽与刘邦立约后，便马上领兵回归后方基地。此时，占据齐鲁大地的韩信也已自立为齐王。

项羽走后，刘邦本来也打算领兵回关中。但是，张良和陈平极力劝说刘邦趁机灭掉项羽，因为这时项羽缺粮少兵，而让他回到彭城，就等于纵虎归山。刘邦听了赶紧命令追击，同时命令韩信和彭越快速进兵，攻击项羽。

霸王别姬

公元前202年，刘邦率领大军追上了项羽，全力进军。项羽连战失利，退到垓下。项羽退至垓下后，楚旧将周殷投归刘邦。周殷率领九江兵占领了楚地，随后还联合汉将刘贾攻占了城父。这个时候，垓下已经聚集了汉军、齐军、九江军和彭越的梁军等四路大军，项羽被团团围住。

考察战局、地势后，韩信决定在垓下设下十面埋伏，然后设法将项羽引入埋伏圈。果然，项羽中计，楚军随即大败。

垓下之战既是楚汉之争的终点，又是大汉王朝的起点，在中国历史上具有重要意义。因规模空前，影响巨大，垓下之战被列为世界古代七大著名战役之一，有"东方滑铁卢"之称。

四面楚歌，自刎身亡

项羽被汉军围困于垓下，军队缺兵少粮，处境非常艰难。在前线作战的楚兵，每每停战时，都会听到四周有人在唱楚地歌曲。士兵们听到故乡的歌曲，再看看自己现在的处境，不由得心生凄凉，因此战斗力大打折扣。而此时项伯早已被刘邦收买，他反复规劝项羽夜间巡营，就是为了让他听到楚歌，来瓦解他的意志。项羽听到这些歌声后自然很是烦恼，经常饮酒消愁。

不久，许多曾追随项羽东征西战的士兵均不辞而别。最后，楚军大将只剩下虞子期和桓楚，而士兵则只剩千人。

项羽有位宠妃，名叫虞姬，他还有一匹宝马，叫骓。

项羽乌江自刎

项羽想到伤心处，便边喝酒边唱歌："力拔山兮气盖世，时不利兮骓不逝，骓不逝兮可奈何，虞兮虞兮奈若何！"闻听此歌，虞姬不胜伤感，也唱道："汉兵已略地，四方楚歌声。大王意气尽，贱妾何聊生？"唱完便抽刀自杀了。项羽看见爱姬自刎而死，不禁泪流满面，属下看到这种惨状，也都泪水滂沱，沉浸在悲伤的气氛之中。

项羽趁乱杀出重围，一路向南狂奔，来到了乌江口。当时，乌江的亭长正撑船靠岸等待项羽。然而，项羽认为自己无颜面对江东父老，不肯过江，自刎身亡。

项羽死后，刘邦很快便平定了西楚大地。在张良的建议下，刘邦以国君之礼厚葬了项羽，而且还亲自祭祀他。

项羽生于乱世，起兵抗秦，勇猛无敌，最终称霸天下，但终因性格弱点败于刘邦，他的结局为"性格决定命运"之说做了最好的诠释。

〔西汉〕龙虎并体带钩

西汉

统一强盛的王朝（公元前206年—公元8年）

刘邦长安称帝

公元前202年，刘邦登基称帝，建立了大汉王朝，并采取众多措施来巩固国家政权。刘邦君臣目光远大，谋略出众，他们建立的政治制度，保证了大汉王朝历经四个多世纪而不倒，成为中国历史上统治时间最长的封建王朝。

称帝建汉，巩固皇权

公元前202年2月，刘邦在汜水之北举行登基大典，定国号为汉，史称汉高祖。之后，他迁都长安，封夫人吕氏为皇后，儿子刘盈为太子，并追认已经逝去的母亲为昭灵夫人。不久，刘邦又大封功臣，有七位功臣被封王：楚王韩信、赵王张耳、韩王韩信（为避免与受"胯下之辱"的功臣韩信混淆，史称韩王信）、梁王彭越、淮南王英布、

〔西汉〕"汉并天下"瓦当

燕王臧荼、长沙王吴芮。

5月，刘邦在都城洛阳大宴群臣。席间，他与众人分析楚汉战争双方胜败的经验教训。刘邦总结道："夫运筹于帷幄之中，决胜于千里之外，吾不如子房；镇国家，抚百姓，给馈饷，不绝粮道，吾不如萧何；连百万之众，战必胜，攻必取，吾不如韩信。三者皆人杰，吾能用之，此吾所以取天下者也。项羽有一范增而不用，此所以为我所擒也。"群臣听后，无不敬服。

汉朝的政治制度，几乎全部沿用秦朝，中央实行三公九卿制，地方则实行郡县制。此外，汉朝还实行封国制，让诸侯王治理封地属国。后来，经过刘邦的清理，汉初分封的七个异姓王，除了长沙王吴芮外，其余都被陆续消灭。此后，汉高祖又分封了九个同姓王，他们都是高祖的子侄兄弟。

出战中箭，拒治而终

为了巩固皇权，刘邦费尽心机。他本来就已年迈，此后又在平定英布叛乱时被流矢射中，回到长安后病情已经很严重。

吕后找来太医，刘邦忙问自己病情怎么样，太医说可以治愈。但刘邦从其口气中感觉到自己已经时日无多，就对太医说："我出身寒微，手提三尺剑得到天下，此乃天命。现在天要我死，就是神医扁鹊来了也无用！"

刘邦知道自己已经不行了，便开始安排后事。吕后问道："萧相国死后，他的位置由谁来接替？"刘邦说曹参。吕后问曹参之后是谁，刘邦说："王陵。但王陵智谋不足，可以由陈平辅佐。陈平虽然智谋出众，但不能决断大事。周勃虽然不擅言谈，但为人忠厚，刘氏江山日后需要他来安定。"吕后又追问以后怎么办，刘邦说："以后的事就没人知道了。"

刘邦生于乱世，起兵反抗暴秦，经过一番血战，最终一统天下，建立了大汉王朝。在其统治期间，汉政权建立了一套行之有效的政治体制和经济制度。大汉王朝是中国历史上实力最强大的王朝之一。中国的主体民族——汉族，即是由汉朝开始繁衍而来。

〔西汉〕鎏金骑士贮贝器

开国功臣

众卿之首萧何

　　萧何，汉初三杰之一。刘邦起兵之初，萧何便已追随左右。在刘邦一统天下的过程中，他立下了汗马功劳。刘邦被封为汉王后，便任命萧何为相。此后，萧何又将大将韩信推荐给刘邦。楚汉争霸时，萧何镇守关中，将关中打造为汉军的根据地。刘邦处于困境时，萧何征召士兵，筹备粮草，并源源不断地运往战场，正是因为拥有有力的后勤保障，刘邦才能最终击败项羽，一统天下。刘邦登基称帝后，论功行赏，封萧何为侯，并尊他为开国首勋。萧何成为第一功臣，人称"开国第一侯"。

　　无论是在楚汉争霸时，还是在汉朝建立后，萧何的所作所为，都体现了一个古代政治家的良心和智慧。他一生中，对国家忠心耿耿，对百姓关爱有加，使大汉王朝国泰民安。正是因为其显著的功绩，他今天依然广受百姓敬仰。

运筹帷幄张良

　　张良，字子房，安徽亳州人，先祖是战国时期韩国人，祖父、父亲都曾在韩国为相。张良年少时，日夜学习兵法，终于成为一个深明韬略、文武兼备、足智多谋的"智囊"。随后，他便开始跟随刘邦纵横天下。乱世

之间，他胸怀国亡家败之恨，历往几乎所有重大事件，为刘邦出谋划策。危机重重的鸿门宴上，他智救刘邦脱险；楚汉争霸中，他妙计迭出，帮助刘邦平定天下。作为汉初三杰之一的张良，一生为建立大汉王朝做出了重要贡献，以其无人可及的奇谋妙计，被后人尊为"谋圣"。

张良遇圯上老人

功高震主韩信

　　身为汉军主将，韩信官高位尊，功高盖世。自投奔刘邦后，他率军攻无不克，战无不胜，直至在垓下围困楚军，逼死项羽。在此期间，韩信从未败过，可谓常胜将军。作为秦末汉初最优秀的将领，韩信用兵的最大特点便是灵活，韩信甚至可以说是中国战争史上最善于灵活用兵的将领，他指挥的众多战事都堪称经典。

　　韩信功劳卓著，兵权在握，对统治者的威胁最大，一直得不到刘邦的信任。韩信怨恨刘邦，并策划谋反，事发后被诛杀。韩信之死，与其性格有莫大关系。刘邦登基建汉后，韩信不识时务，大肆张扬，居功自傲，目中无人。

他不去了解当时的特定环境，也无法对自己有一个清醒的认识。

　　作为汉初三杰之一，韩信精通兵书，擅用兵法，在沙场拼杀多年，攻无不克，战无不胜，为大汉王朝的建立做出了杰出的贡献。身为军事理论家，他不仅参与整理了先秦兵书，还亲自编写了三篇兵法，极大地丰富了我国古代的军事理论。

韩信被诛

白登之围

公元前200年，韩王信反复上书朝廷，希望与匈奴谈和，高祖开始对他有所猜忌。韩王信恐惧之下便投降匈奴。匈奴冒顿单于趁势出兵占领了韩王信的封地，并继续率军南进，攻打山西晋阳。刘邦得到报告后亲率大军征讨冒顿，但最后被匈奴军队围困于白登，幸亏陈平想出奇计，才助汉军脱围。

韩王反叛，高祖出征

韩王信出身旧贵族，祖上为战国时期的韩襄王。秦末，汉高祖率军征战于河南，韩王信投奔汉军。不久，刘邦正式赐封韩王信为韩王。韩王信追随刘邦东征西战，功劳卓著。刘邦称帝后，韩王信被封在颍川。汉高祖六年春，刘邦以防御北方胡人为名，将韩王信封地迁为太原郡，以晋阳为都，后韩王信将都城迁至马邑。

不久，匈奴的冒顿单于带领大军包围了马邑。面对匈奴大军，韩王信自认无法抵挡，便向冒顿求和。刘邦得到这个消息后，便对他有所猜疑，随后便派使者前去责备韩王信。韩王信害怕汉高祖治他的罪，便向匈奴投降了，此后竟然联合匈奴大军攻打汉朝边境，直打到太原。

汉军数次大败匈奴军，刘邦准备北进，一举消灭匈奴。为了做到知己知彼，刘邦派出特使侦察敌情。特使回来报告说，敌方都是老弱残兵，不堪一击。刘邦仍不放心，再派娄敬前去观察。娄敬认为其中一定有诈，绝对不可采取军事行动。刘邦不认可娄敬的分析，认为此时敌兵羸弱，正好乘势攻击。因此，他坚决出兵，并下令将娄敬治罪。

白登被围，奇计脱困

实情果然不出娄敬所料，冒顿故意把老弱残兵暴露在外，而将精兵隐蔽起来，就是为了引诱汉军出兵。汉高祖以为敌军都是老弱残兵，便首先率领先锋军到达白登山，而此时汉军主力尚未赶到。正在这时，冒顿率领十万精锐骑兵突然杀出，把汉高祖重重包围在白登山（今山西平城东）。

汉高祖被包围了七天七夜，汉军内外不能互相接济，当时正值冬季，北方寒风凛冽，汉军冻伤、饿死者甚多。这时，陈平探知冒顿的阏氏十分受宠，与冒顿几乎形影不离，两人常常出外纵马驰骋，嬉戏游玩。于是，他决定用黄金、珠宝贿赂冒顿的阏氏。果然，冒顿后来下令弃守一个城角，汉军才脱围而出。

刘邦回到军营后，马上特赦娄敬，并加封他为关内侯。

〔西汉〕匈奴鹰形金冠饰

白登之围后，高祖认识到，国家初建，民生凋敝，根本无法征服匈奴，于是决定采取休养生息、发展生产的策略以提高国家实力，这些措施为汉朝日后反击匈奴奠定了坚实的基础。

吕后专权

高祖驾崩后，吕皇后为了解除所有威胁太子继承帝位的因素，在宫廷内大肆残杀异己。当时，她独揽朝廷军政大权，不仅强夺元老重臣的权力，迫使他们解甲归田，而且将吕氏诸亲一概封王赐侯。她的行为使刘氏皇族和元老重臣十分不满。

高祖亡故，吕后掌权

吕雉，字娥姁，山东单县人。刘邦称帝后，封吕雉为皇后，后世称其为吕后。吕雉性格刚强，智谋出众，从刘邦起兵开始便跟随在他身边，为建立汉朝政权做出了重要贡献。汉初，吕后设计擒杀建国功臣，剪除异姓王，稳定了大汉社稷。

高祖刚刚驾崩时，吕后担心那些建国元勋会居功自傲，不服从管辖，因此想秘不发丧，并借机秘密处决所

〔西汉〕"皇后之玺"玉印

有掌握兵权的将领。右丞相郦商闻听此信，赶忙劝吕后道："如果秘不发丧，处决将领，那你就危险了。现在陈平和灌婴率军十万驻守荥阳，樊哙和周勃率军二十万驻守定州。如果他们得知高祖驾崩，皇后要处决武将，必然会合兵一处杀奔长安。到那时，京城的文武大臣定会起兵响应，如此一来，汉家社稷就将灭亡。"吕后闻听，十分惊恐，便立即发丧。随后，太子刘盈登基为帝，是为汉惠帝。

报复异己，专权乱政

惠帝在位七年后，便郁郁而终。

惠帝驾崩后，吕氏任命族人担任大将，统领军队，入朝掌权。

吕后立少帝，又借口少帝年幼，无力执政，便亲自临朝听政，代行皇帝权力。吕后在将吕氏一族封王拜侯的同时，全力清除刘氏一族的势力。后她下诏废掉少帝，不久又将其杀害，随后立刘义为新君，既不改元，也无帝号。很明显，刘义只是吕后手中的一个傀儡。

几年之后，吕后病重，弥留之际，还告诉族人吕产一定要手握兵权，占领皇宫。后来，周勃一举平定吕氏之乱，从而安定了大汉王朝，避免了宫廷混乱，延续了刘氏江山。

吕后在独揽朝政大权的十多年里，排斥异己，大封吕氏，加害刘氏皇族，手段极为毒辣。但与此同时，她进一步推行刘邦休养生息、无为而治的政策，促进了社会经济的发展，也为日后的"文景之治"奠定了坚实的基础。

仁弱之君汉惠帝

刘邦死后，太子继位，是为汉惠帝。惠帝在位时，大行"仁政"，为百姓减税，任用曹参为相。他当政期间，国家政治清明，社会安定。不过，由于惠帝性格柔弱，处事犹豫，他统治后期，朝政大权被吕后掌控，面对横断专权的母亲，惠帝最终抑郁而亡。但是，惠帝在早期继承了高祖时的治国体制，因此对汉王朝的巩固和发展做出了一定的贡献。

仁弱之君，继承帝位

汉惠帝刘盈，刘邦嫡长子，母亲吕雉。惠帝处事优柔寡断，性格软弱无能，虽心地善良，但高祖不太喜欢他。高祖非常喜欢戚夫人之子刘如意，认为他聪明伶俐，英武果敢，作风很像自己，便想废刘盈，让刘如意取而代之，但遭到吕后和群臣坚决反对，刘邦最终放弃己见。

高祖驾崩，刘盈登基，时年16岁。

有一年，齐王刘肥入朝拜见惠帝，刘盈十分开心，便在太后殿中办筵款待，刘盈认为刘肥为兄，自己为弟，便将上位让给刘

〔西汉〕尖山形牒形佩

肥。吕后见此，心有不悦，便让宦官准备一壶毒酒，放到刘肥桌上。不料刘肥为刘盈斟酒，吕后担心不已，便故意碰翻酒杯。刘盈知道吕后用意，便马上暗示刘肥，刘肥立刻装醉离开。在善良的惠帝的保护下，刘肥最终平安出宫。

惠帝年满20后，吕后做主，将惠帝姐姐鲁元公主的女儿张氏立为皇后。张氏是惠帝的亲外甥女，嫁给他时年仅10岁，巨大的年龄差异和身份关系让惠帝难受至极。终其一生，两人都未有过夫妻之实。

母亲的专断无情，皇后的外甥女身份，都让惠帝痛苦不已，为了逃避这些痛苦，惠帝终日沉湎于酒色之中，最后抑郁而亡。

推行惠政，英年早逝

惠帝统治期间，沿用了高祖时期的政策，主要体现在以下两个方面：

首先，与民休息。惠帝时，取消了高祖增加的赋税，重新恢复了十五税一的税收政策。随后，惠帝又大力鼓励农民耕作，对于有成绩的农民还免除其徭役。为了促使人口增加，惠帝还下令民女不可晚婚。原来限制商人的政策，惠帝也大大改革，放宽限制，以促进商业的发展，增加国家收入。惠帝的以上举措，推动了西汉初年社会经济的发展。

其次，惠帝大胆改革文化政策。他在公元前191年，将"挟书律"废除。所谓"挟书律"，是秦始皇焚书时的一项法令，该法令规定，只有官府可以藏书，民间禁止私自藏书。惠帝很有魄力地废除了这一法令，那些长期受到压制的儒家学者和其他各家的学者都重新活跃起来，也为后来儒家学说被汉武帝确定为国家的统治思想奠定了基础。

此外，惠帝还在短暂的执政期里全面整修了长安城。直到公元前190年，这项庞大的工程才竣工。正是由于汉惠帝的举措，我们今天才能看到美丽壮观的长安古城。

惠帝英年早逝，朝廷失去了一位善良仁慈的皇帝。惠帝执政时间虽短，但是他在经济和文化上的措施，却推动了汉朝经济和文化的发展，为汉朝此后的继续发展奠定了基础。

西汉长乐宫遗址

文帝治国有方

平定吕氏集团后，周勃迎立汉文帝。文帝当政期间，倡导勤俭节约、休养生息，他为人谦逊克己，知人善任，虚心纳谏，起用了许多人才，例如贾谊、晁错、张释之和周亚夫等，从而开创了"文景盛世"。文帝钟爱"黄老之学"，经过他23年的统治，汉朝的封建统治秩序逐渐稳定下来，社会经济也得到恢复和发展。

拥立为帝，巩固皇权

汉文帝刘恒，是刘邦第三子，其母为薄姬，起初被立为代王，建都晋阳。刘邦共有八个儿子，被吕后杀了四个。当时因为刘恒的地位较低，所以吕后没有加害于他。

吕氏被灭后，群臣讨论该由何人继位。最后，众大臣一致推选宽厚仁慈的代王刘恒。刘恒却谦逊地说自己难当

（西汉）陶猪圈

此任。群臣坚决请求，他才进入未央宫，继承帝位。

为了巩固政权，文帝马上让亲信统率京城守卫部队。随后，他将拥立自己为帝的大臣全部加官晋爵，同时恢复刘姓王的称号和封地，而且重赏开国功臣。此外，文帝又强力打击重臣，以此加强皇权。通过实行以上这些措施，文帝彻底巩固了帝位。

节俭爱民，开创盛世

在中国历史上，汉文帝是仅有的几个真正提倡节约的皇帝之一。他主政期间，曾传令各地官员，一定要节俭行事，切勿骚扰百姓。文帝在位期间，生活非常朴素，身上常穿粗袍。他宠爱的慎夫人，和他一样，也过着俭朴的生活。

文帝非常重视农业，登基后多次颁布"劝课农桑"的诏令，鼓励百姓发展生产。为了减轻百姓负担，文帝经常颁布减少租赋的诏令。

公元前167年，他下诏尽免民田租税，还两次"除田租

〔汉〕"长生无极"瓦当砚

税之半"，试行了"三十税一"的制度。与此同时，文帝将每年的算赋由以前每年每人120钱减至每年每人40钱，徭役则缩减为三年一次。

另外，文帝还下诏：全国的土地和山林任由百姓开垦耕种；废除盗铸钱令，实行金融自由政策。这样一来，商品经济发展迅速。农工商业的发展，使文帝时期经济繁荣，财富增加，人口大增，国家的粮仓和钱库全部溢满，全国富足，社会昌盛。

文帝体恤民情还表现在对律令的取舍上。公元前179年，文帝下旨废除连坐法；公元前167年，文帝又先后将黥、劓、刖几种酷刑分别改为笞三百、五百。当时法律规定：谁都不可以议论皇帝，更不可以怨恨皇帝，如有违反，就犯了诽谤妖言罪。文帝认为，这种规定让群臣不敢讲真话，会导致皇帝无法看清自身的失误，所以下诏废除。

公元前157年，文帝驾崩，时年45岁。

文帝谦虚克己，勤俭节约，是一个有作为的良君。他喜好"黄老之学"，严明法律且又安民惠民，对巩固汉初统治秩序，恢复发展社会经济，发挥了十分关键的作用。作为中国历史上著名的贤帝，汉文帝永垂青史。

开明君王汉景帝

汉景帝，汉朝的一代明君。他在位期间，继续推行文帝时开明宽松的政策，促进了社会经济的发展，使国家呈现出一片繁荣的景象，百姓安定，政治清明，统治稳固，国泰民安。景帝延续了高祖时期的和亲政策，暂时避免了与匈奴发生大规模的冲突，为发展经济创造了有利的环境，也为日后汉武帝反击匈奴奠定了物质基础。后世将文帝和景帝统治时期合称为"文景之治"。

休养生息，国泰民安

汉景帝刘启，文帝之子，母为窦皇后。刘启不是文帝的长子，他的三个兄长死后，他才登上太子之位，成为文帝的继承人。

公元前157年，文帝驾崩，刘启登基，时年32岁。即位后，他继续推行文帝时期的政策，鼓励农业生产。公元前156年，景帝下诏：收取文帝时税收的一半，即三十税一。从此以后，这种税率成为西汉定制。次年，景帝下诏：男子服徭役的年龄推后三年，并减少服役时间。此项规定一直沿用到西汉昭帝时期。

景帝制定的另一项惠民措施就是减轻刑罚。文帝时将肉刑改成了笞刑，景帝又逐渐减少了鞭笞的次数，同时规定了刑具的长短、宽窄，并规定施刑中途不准换人，完善了刑法。

在思想领域，景帝也不再严厉禁止其他学派的发展。

〔西汉〕五铢钱铜范

景帝在提倡"黄老之学"的同时，也允许儒家等学派的存在和发展，从而为日后董仲舒"罢黜百家、独尊儒术"奠定了基础。

在外交方面，景帝继续推行和亲政策，对匈奴加以安抚。对于匈奴的骚扰，景帝没有大举反攻，而是以大局为重，积极防御，同时在边境地带设立市场，和匈奴人贸易，这一定程度上缓和了汉人与匈奴人的矛盾。

在景帝的治理下，国家安定，经济发展，国家实力日益壮大，实现了国泰民安。

发展教育，宽厚仁慈

景帝当政期间，在教育领域最突出的表现就是支持文翁办学。

文翁，安徽庐江人，年轻时好学，可谓学富五车。后来，当地官员经过考察后向朝廷推荐他，景帝晋升他为蜀郡太守。文翁到达蜀郡后，开创了郡国官学，对文化的传播起了重要作用，他的成就得到了景帝的肯定。景帝对文翁的办学模式十分认可，随后下诏在全国推行。

景帝一方面大力弘扬文教礼仪，一方面严厉打击地主豪强。这些措施也局部调整了阶级关系，有利于发展社会经济，改善社会秩序。

景帝非常善于用人，为了严格管理京城众多的皇亲国戚和官僚贵族，景帝晋升执法不阿的宁成担任中尉之职。宁成到任后，很快便将那些胡作非为的权贵们治理得服服帖帖。

景帝宽厚仁慈，不记旧仇，他做太子时，因为进宫门时没有下车，违反了当时的律令，廷尉张释之曾拒绝其车马入殿门。而景帝继位后，并没有公报私仇，依然任命张释之为廷尉。

公元前141年，景帝病死在未央宫，年仅48岁。

经过景帝的治理，汉朝实力日益强大，这就为汉武帝日后反击匈奴提供了条件。汉朝分为西汉和东汉，西汉时期是汉朝最强盛的时期，尤其是汉高祖到汉武帝统治期间。西汉出现了一个盛世——"文景之治"，它也是中国历史上的第一个盛世。

〔西汉〕镶玉鎏金铜枕

晁错削藩

汉文帝时，同姓王的势力日益强大，逐步对朝廷形成了威胁。在此情况下，晁错建议文帝削弱王侯势力，但是未被文帝采用。后来，景帝采纳了晁错的建议，不料却引发了汉朝建国以来的首次皇室内乱，晁错也因此被冤杀。

文帝赏识，景帝宠幸

晁错，河南人，最初掌管宗庙祭祀和礼仪，后来被朝廷选派出去学《尚书》，回朝后，便开始为文帝讲解《尚书》，由于言辞犀利，才华横溢，很受文帝喜爱。晁错先后被任命为太子舍人、门大夫，后又被提升为博士，专门为太子服务。

担任博士后，晁错写作了《言太子宜知术数疏》。在文章中，他指出：皇帝若要建功立业，扬名青史，最重要的是掌握治国之策。他建议文帝选择圣人治国之书，赐予太子，让其多加学习，而且读后还要论述。文帝甚觉有理，便采纳其言，晋升他为太子家令。晁错分析问题有

晁错提议削藩

条有理，见解独到，能言善辩，因此得到了太子刘启的宠爱，在太子宫里号称"智囊"。

公元前157年，刘启登基称帝，是为汉景帝。他一登基，就任命晁错为内史。此后，晁错多次与景帝私谈，其建议大都被景帝听取，景帝对他宠爱有加。

位高权重，提议削藩

晁错多次向文帝提出削藩的建议。文帝虽然没有完全采纳，但还是十分欣赏他。当时，太子刘启赞成晁错的计策。景帝即位后，晁错逐渐升任为御史大夫。至此，晁错的地位仅次于丞相。不久后，他递上《削藩策》，再次向景帝建议削藩。

在《削藩策》中，晁错认为，对于吴王刘濞而言，削其封地，他会反叛；不削其封地，他也会反叛。削其封地，他会立即反叛，但祸害较小；不削其封地，他会延缓反叛，祸害巨大。景帝听后，表示赞同，于是下令削藩。

这样一来，吴、楚等七国遂于公元前154年举兵反叛，史称"七国之乱"。七国联合反叛后，汉景帝十分恐惧，决定斩杀晁错以平叛乱。结果，这个一心想维护汉家天下的晁错，莫名其妙地被杀害了。

忠臣蒙冤而死，实在可叹！明代思想家李贽曾说，晁错善于谋国，但不善于谋身。对于晁错一心为国而置个人安危于不顾的牺牲精神，李贽赞赏有加。

窦太后干政

在中国历史上，窦太后是最后一位推崇"黄老思想"的统治者。在她的干预下，朝廷延续了高祖刘邦在位时制定的休养生息、无为而治的治国之策，从而使汉王朝日益强盛起来。之后的历代统治者，都没有像她那样真正地推崇"黄老思想"，实行无为而治。窦太后非常宠爱儿子刘武，为了让刘武继承皇位，她强势干预朝政，此举颇受后世责难。

进身皇后，干预立储

窦太后，名漪，河北清河人，出身贫寒。汉初，朝廷到清河一带选拔宫女，吕后选中了窦漪，便将其带入宫中。后来，窦氏被封到代国，嫁给代王刘恒，生了个女儿刘嫖，后又生了两个儿子：刘启和刘武。

代王继位成为汉文帝后，原王后生的四个儿子也相继病死。群臣请求立太子，窦漪之子刘启因为年纪最长，被立为太子。同时，窦漪被立为皇后，刘嫖被封为长公主，刘武先被封为代王，后改封为梁孝王。

〔西汉〕长信宫灯

公元前157年，景帝刘启即位，窦皇后成了皇太后。窦太后非常溺爱幼子刘武，觉得他谦虚礼让、孝义有加，又才略出众，日后定能保国安民，所以非常想让他登上皇位。

景帝继位后，并没有立即立太子。窦太后千方百计劝说景帝传位于刘武。而大臣袁盎说："如果梁王百年之后，让景帝之子继位，那样做的话，梁王的儿子们一定不服，朝廷将会陷入混乱。"太后听后无言以对。于是景帝立其子刘彻为太子。梁王也不敢再让太后为自己说话，便返回了自己的封地。

力尊黄老，排异儒术

窦太后非常喜好"黄老之学"，对老子的书简一直是爱不释手。

一天，窦太后召见儒生辕固生，问他对老子思想的认识，辕固生明知窦太后是想让自己吹捧老子，却仍然说老子之言只是一些普通人的论调而已，惹得那窦太后勃然大怒，说儒生不如猪狗，并下令将辕固生扔进野猪圈。

因为窦太后尊崇"黄老之学"，所以景帝在执政的16年间，没有任用过一个儒生。

论地位，窦太后乃高祖儿媳，文帝之妻，景帝之母，武帝之祖母；论身世，她本是一介民女，被召入宫，经历众多事件后，才登上皇后之位；论统治政策，她是中华帝国最后一位实践"黄老思想"的统治者，在她的推动下，景帝延续了高祖时"以民生息""无为而治"的治国策略，为汉王朝走向辉煌奠定了坚实的基础。

一代英主汉武帝

公元前141年，刘彻继位，是为汉武帝，时年15岁。他当政期间，在强化皇权、改革官制以及经济制度和对外关系等方面都取得了显著的成绩，由此开创了大汉王朝的强盛时代，使汉朝逐步发展成为当时世界上最强大的国家，而汉武帝也成了备受后世推崇的一代英主。

入主东宫，登上皇位

汉武帝刘彻，幼名刘彘，是汉景帝的第十个儿子。刘彘自幼便聪慧过人，灵活机敏，记忆力超群，求知欲非常强，尤其关注书中所写的那些关于古代圣贤帝王的故事，且过目不忘。景帝对此十分惊异，认为他非常聪颖，便将其名改为"彻"。

〔西汉〕彩绘陶仓模型

公元前151年，刘彻和长公主之女陈阿娇正式举办了订婚仪式，当时刘彻6岁，陈阿娇10岁。从此以后，长公主便常在景帝面前为刘彻说好话，时间一长，景帝便日渐喜欢刘彻胜过太子刘荣。同时，长公主还经常在景帝面前说太子生母栗姬的坏话。景帝信以为真，不久便将刘荣的太子之位废了，改封他为临江王。六个月后，刘彻之母王姬登上皇后之位，而刘彻则被立为皇太子，时年7岁。

刘彻被立为太子后，愈加用功学习，此外，景帝任命才学出众的卫绾担任太傅，教育刘彻。刘彻先后学习过骑马、射箭、经学和文学等技艺和知识。

公元前140年，16岁的刘彻正式继承了皇位。他雄心勃勃地想将文景之治的盛世继续下去，然而，窦太后经常出面干预朝政，她在世期间，武帝未曾重用过儒生。直到窦氏死后，武帝才采用儒家思想治国，强化皇权，以此制衡地方诸侯。

统一思想，加强集权

汉武帝继位之初，朝廷局势稳定，国家经济发展顺利，但是诸侯国对朝廷的威胁依然存在，且非常严重。为此，汉武帝在沿用景帝治国措施的同时，又采取了许多强化皇权的重大举措。

首先，在思想上，武帝采用了董仲舒"罢黜百家，独尊儒术"的建议，从而确定了儒学在中国古代社会的思想统治地位，这对后世中国的文化、政治等方面的影响极为深远。

其次，在政治上，武帝采取措施减少诸侯王的封地，颁布了"推恩令"，令诸侯推私恩分封子弟为列侯，这样名义上是施恩惠，实际上是剖分其国以削弱诸侯王的势力，使其对中央再也构不成威胁。

以上措施的实行，使朝政大权统统集中在了汉武帝的手中，这对汉武帝后期的社会安定具有非常重要的作用。

汉武帝虽然政绩显著，但他也犯有很多皇帝都犯过的错误。例如，汉武帝建造了许多宫殿和苑囿，而且经常对外国的使者

汉武帝刘彻像

和商人摆大国的架子，任意赏钱等。但到晚年时，武帝醒悟，颁下罪己诏，在文武大臣面前公开承认自己犯过许多错误。此后，汉武帝开始关注生产，推行富民政策。经过两年的治理，社会政治和经济都有了较为显著的发展，汉朝再次恢复了朝气。

公元前87年，武帝病逝，享年70岁。

汉武帝雄才大略，开拓刘邦的业绩，晚年自知奢侈、黩武、方士之弊，下了罪已诏，不失为一代明君，但是，汉武帝并非圣者，他也有诸多缺点，例如好色、虚荣、自私、迷信、奢侈等，不过，瑕不掩瑜，汉武帝在中国历史上的功绩是绝对不容小视的。

西汉鸿儒董仲舒

武帝登基初期，因为窦太后推崇"黄老之学"，轻视儒学，所以儒家思想根本没有机会登上政治舞台。窦太后死后，儒学大师董仲舒便趁机建议武帝普及儒家思想，武帝非常看重他的意见。此后，大汉王朝的治国思想就从汉初的"黄老之学"转变为了儒家思想，之所以出现这种转变，董仲舒功不可没。

韬光养晦，武帝重用

董仲舒，河北枣强县人，西汉著名的哲学家和经学大师。

文帝和景帝统治时期，由于朝廷尊崇"黄老之学"，不重视儒学，董仲舒没有出来做官，而是居家养精蓄锐。他一边广招门徒，培养了许多精通儒学之人，一边又细心地观察朝政，专心研究百家学说，特别是汉初统治者尊崇的"黄老之学"。他想创立一个融百家学说于一体的新型儒学体系，以适应朝廷的需要。

公元前141年，刘彻继位，是为汉武帝。汉武帝一继位，便改变了文景时期"无为而治"的治国策略，鼓励大臣推荐贤才、谏士。公元前134年5月，汉武帝彻底掌握了对朝廷的控制权后，再次下诏，让群臣推荐贤才。董仲舒就是他得到的一位贤才。

董仲舒提出了天人感应论。他说君权乃是上天所赐，人间的皇帝受命于天，代表上天来统治人间、治理人世，因此，所有人都要严格服从皇帝。这样一来，就将皇帝神化，对巩固皇权、构建统一的政治局面相当有利。

除此之外，董仲舒还上书向武帝提出了五大建议：一、规定朝廷礼制，以约束官僚贵族的言行；二、创办太学，从民间选拔人才进入太学，然后加以培养，此举为知识分子入仕开辟了道路；三、宣扬天人学说，以限制和警策天子；四、禁止地主豪强霸占民田，以限制土地兼并；五、罢黜百家，独尊儒术，统一全国民众的思想。

汉武帝阅读了董仲舒的对策后，十分重视他的建议，并多次召见董仲舒进行面谈，最终采纳了他的建议。后来，在公孙弘等大臣的规划下，这些建议得到了落实。

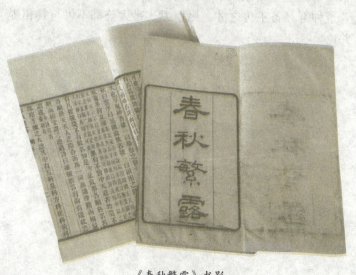

《春秋繁露》书影

权臣排挤，著述终生

董仲舒的仕途十分坎坷。他非常喜欢谈论灾异之事，也因此差点被武帝斩首。

后来，朝廷任命董仲舒为中大夫，但是，他很快便被公孙弘挤出朝廷，出任胶西王的相国，后以病重为由辞去官职。董仲舒晚年以治学著书度日，时人称其为"儒者之宗"，有《春秋繁露》传世。

董仲舒是孔子之后二千多年来，对中国政治思想产生过影响的最重要的思想家之一，他为建立和巩固中国漫长的封建君主制做出了突出的贡献。西汉学者刘向曾说："董仲舒具备王佐之才，纵伊尹、吕太公都不可与其相提并论。"

一代大将安定边疆

汉朝和匈奴之间的战争非常残酷。远离后方的长距离袭击，计划周详的遭遇战，以少对多的破釜沉舟战，都是汉军的作战方式。武帝时汉朝与匈奴的战争，开辟了国土疆域，体现了大汉雄风。在抗击匈奴的战争中，还涌现出无数杰出的将领，比如飞将军李广、卫青等。

飞将军李广

李广是甘肃秦安人，其先祖李信曾在秦国为将。公元前166年，匈奴大军侵略汉境，此时李广已经从军，因此经常和匈奴军激战。李广在战场上英勇无敌，所向披靡，汉文帝对他极为赏识。

汉景帝继位后，李广已经晋升为骑郎将，是景帝的禁卫骑兵将领。七国之乱时，担任骁骑都尉的李广随太尉周亚夫出兵平叛，在昌邑城下勇夺叛军军旗，战功卓著。平定叛乱后，李广被调往西北边境，担任太守之职。

公元前140年，汉武帝登上皇位，随后晋升李广为未央卫尉。公元前136年，汉军出击匈奴，李广率领大军走到雁门关时，不幸被匈奴军围困，终因伤被擒。但在被押送回匈奴军营的路上，李广寻机飞身夺马，射死众多匈奴追骑，返回汉营。自此以后，匈奴军便称其为"汉之飞将军"。

然而，李广在晚年随卫青出征时，不慎使大军迷路，他不甘受辱便自杀了。

李广射石

　　李广那超群的勇气和应变能力以及磊落的胸怀、独具一格的治军策略，使他成为一名受部众爱戴、使敌军胆寒的沙场名将。

大将军卫青

　　卫青，山西临洮人，出身于贫寒之家。汉朝大将军，人称"青山白玉柱""驾海紫金梁"。历朝历代有无数的王侯将相留名于青史，但卫青一直是其中很耀眼的一位。

　　早年，卫青擅长骑马，精于射箭，因此经常陪同武帝外出打猎，武帝很欣赏他。

　　公元前131年，卫青率军由上谷郡战败匈奴，杀敌数百，因功被拜为关内侯。公元前127年，卫青率部攻打匈奴，所向披靡，一路攻到高阙，收复河南失地，在陇西又消灭数千匈奴军，掠获数十万头牲畜，致使匈奴白羊王和楼烦王远遁而去。随后，汉廷将河南建为朔方郡。卫青回朝后被加封为长平侯。公元前124年春，卫青又突袭匈奴右贤王大军，大获成功。武帝诏令，拜卫青为大将军，所有将领全部由他统领。公元前119年，汉武帝决定再次攻击匈奴，以期彻底灭掉匈奴。卫青率领大军取得了汉朝自抗击匈奴以来最大的一次胜利。随后，汉军凯旋，武帝加封有功将士，擢升卫青为大司马，让其掌管全国的军队。

　　在汉朝反击匈奴的战争中，卫青战功卓著，为大汉王朝安边定疆做出了杰出的贡献。作为武帝时期声名赫赫的军事家，他从未以功臣自居，慢待群臣，相反，他宽容待人，爱护将士，因此受到众将士的拥戴，也为后世人所仰慕。

霍去病为国忘家

　　霍去病，山西临汾人，身份低下。作为反击匈奴的汉朝名将，霍去病名震华夏。

　　公元前121年春，汉武帝封霍去病为骠骑将军，官位与大将军一样。他率领一万骑兵从陇西（今甘肃临洮县）出发，攻击匈奴。汉军所向披靡，一路破敌，一反汉朝此前弱于匈奴的颓势，并取得巨大胜利。公元前121年夏，霍去病再次率军反击匈奴。他采取兵合一处直捣敌穴、分兵追击不舍的战术，派轻骑直攻祁连山，到达月氏国边境，斩杀三万多匈奴士兵，同时还俘虏了2000多人。公元前119年春，霍去病率军北进2000多里，翻越离侯山，强渡弓闾河，直攻到瀚海（今贝加尔湖）一带。此战后，“匈奴远遁，漠南无王庭”。霍去病也以“封狼居胥”的盖世战功，自此成为中国历代军事家毕生尊崇的楷模。

　　霍去病可以说是汉武帝亲手培养起来的骁勇战将。霍去病受到的宠幸，朝中无人可比。这其中难免掺杂亲戚关系和个人感情的因素，但最为关键的原因，还是霍去病那种强烈的忠君报国精神和勇猛无敌的气势。汉武帝曾为霍去病建造豪华的宅第，霍去病却说“匈奴未灭，无以家为也”。可以说，正是这

〔西汉〕金镈铜戈

种为国忘家的崇高品质，才促使他立下赫赫战功。可惜天妒英才，霍去病26岁时便离开人世。他的一生虽然短暂，但他为汉朝立下的安边开疆之功却万世不朽。

霍去病墓前的"马踏匈奴"石雕

张骞通西域

汉武帝登基之初，通过归降的匈奴人得知，在敦煌、祁连地区有一个游牧民族建立的国家——大月氏，古书上称其为"禺氏"。秦汉之际，大月氏发展壮大后，便侵略乌孙国、攻击匈奴军。汉朝初年，大月氏军队屡次败于匈奴，士气低迷。鉴于此，汉武帝决定派张骞出使大月氏，说服其与汉军联合反击匈奴。

肩负使命，出使月氏

张骞是陕西城固人，性格刚毅、宽容、忠信，具有开拓进取的冒险精神。

汉武帝继位初期，有些匈奴人归顺了汉朝。后来，汉武帝想要联合西域的月氏国，将匈奴和西域各国的联系切断，那就相当于斩掉了匈奴的右膊。因此，汉武帝决定派张骞前往大月氏。

公元前139年，张骞在匈奴人甘父的带领下，率领百余人自陇西（今甘肃一带）踏上前往月氏的征程。但是很不幸，他们在路上被匈奴所擒。匈奴单于为了拉拢张骞，为其娶妻，张骞被扣在匈奴国达十年之久。但这丝毫没有打击张骞继续出使西域的信心，公元前129年，张骞带领随从甘父逃出了匈奴国。他们一路跋涉，从车师国（今新疆吐鲁番盆地）进入焉耆，接着沿塔里木河向西而行，穿越龟兹国（今新疆库车东）、疏勒国（今新疆喀什）等小国，跨过葱岭，最后来到大宛（今哈萨克斯坦境内地区）。大宛国王对汉朝使节的到来十分欣喜，而且还派人做向导，将张骞他们送到了月氏国——妫水流域的康居（今巴尔喀什湖和咸海之间）。然而，此时的月氏国已不愿意和匈奴征战了。所以张骞此行没有达到预期目的。

敦煌壁画《张骞出使西域图》

公元前128年，张骞开始返国，这时，他已经将有关丝绸之路的众多资料收集完成，比如大宛、大夏（巴克特里亚）、康居（索格狄亚纳）等国的情况。为了避开匈奴军，张骞绕道葱岭、沿昆仑山向北前进。但过了于阗（今新疆和田），在经过鄯善（今新疆若羌）时，又被匈奴所俘，被扣在匈奴一年多。

公元前126年，匈奴单于去世，张骞趁机带领其妻子和甘父逃出匈奴，最后安然返回汉朝。汉武帝晋封张骞为太中大夫，晋升甘父为奉使君。

不畏艰辛，开通西域

公元前123年，张骞以校尉的身份跟随卫青征讨匈奴。他熟悉匈奴地形，有丰富的沙漠行军经验，因此引导汉军在沙漠中找到了水草，使这次战争取得了胜利，最后因功被封为"博望侯"。汉武帝经常向张骞询问西域诸国的概况。张骞提议汉朝结交乌孙国，联合它来抗击匈奴。汉武帝听后表示赞同，于是派他第二次出使西域。

公元前119年，张骞拿着汉朝的旌节，率领三百勇士，带着一万多头牛羊和黄金、钱币、绸缎、布帛等礼物去结交西域诸国。张骞到达乌孙（在新疆境内）后，乌孙王亲自出城迎接。张骞送其贵重礼物，提议两国结为亲戚，合兵抗击匈奴。乌孙王既想得到汉朝的帮助，又不敢得罪匈奴，因此乌孙君臣对此事谈论了许久，始终没有确定下来。公元前115年，张骞与乌孙使者回到长安。乌孙使者看到汉朝疆域广阔，国富民强，回国后将详情上报国王。随后，乌孙国王便下决心和汉朝建立友好关系。

张骞还派遣部下带着礼物分别去联络大宛、大月氏、于阗（在今新疆和田一带）等国，开展外交活动，汉使的足迹遍及中亚、西南亚各地，最远甚至到达了罗马帝国和北非。

张骞前后两次出使西域，使汉朝和西域诸国建立了友好的关系，开辟了中西的通商道路——丝绸之路。这条通道加强了中原人民和西域人民之间的经济、文化交流，也使汉王朝的疆域延伸到了西域地区。

〔西汉〕陶烛台

霍光辅政

霍光与霍去病是同父异母的兄弟，他辅佐武帝达30年之久，是武帝当政期间的重臣。武帝去世后，他受诏辅佐汉昭帝。此后，他独揽朝政大权，对安定和中兴汉室江山起了很大作用。霍光为人稳重，毕生忠于朝廷，他勇猛果断、唯才是举，是一位谋略出众的政治家。

武帝宠幸，临终托孤

霍光，字子孟，山西临汾人。他是霍去病同父异母的兄弟，霍去病把他带到京师，并让他在自己手下担任郎官，不久便将其晋升为诸曹、侍中兼参谋军事。霍去病去世后，霍光被提拔为奉车都尉，与光禄大夫同等待遇，主要负责保护汉武帝。霍光处事稳重，因此深受武帝赏识。

公元前88年，武帝重病缠身，便立刘弗陵为太子，但当时的弗陵只有8岁。因此武帝在病床前留下遗诏：自己驾崩后，由霍光、金日磾、上官桀和桑弘羊共辅少主。其中，霍光担任当朝大司马兼大将军，位列三公之上。为了避免太子之母钩弋夫人学吕后把持朝政，武帝找了个借口，处死了钩弋夫人。

一年后，汉武帝驾崩，太子刘弗陵登基为帝，是为昭帝。由于昭帝年幼，无法亲政，朝政大事全部由担任大司马兼大将军的霍光处理。霍光身为顾命大臣，自知责任重大，因此做事兢兢业业，全力辅佐昭帝。

中华上下五千年·秦汉

069

稳固地位，辅佐宣帝

　　霍光辅政后，左将军上官桀准备将自己年仅6岁的孙女许配给汉昭帝做皇后，但被霍光拒绝了。后来，上官桀在汉昭帝之姐盖长公主的帮助下，让孙女当上了皇后。不久，上官桀与其子上官安欲封盖长公主的亲信做侯，霍光没有同意。就这样，上官桀父子和盖长公主对霍光非常痛恨，此后他们串通燕王刘旦，阴谋诬陷霍光。然而，他们的图谋被昭帝识破。后来，上官桀又准备先杀霍光，然后再将昭帝废黜，自立为帝。不料，此计又败露，上官桀父子被诛杀全族。此事过后，霍光家族独揽朝政大权，党羽遍布全国。

　　昭帝在位期间，霍光延续了武帝末年推行的休养生息的政策，使国家安定，百姓富足。同时，汉朝与匈奴的关系也得到了恢复。这种种举措使武帝末年混乱的局面初步得到了控制，也使社会经济得到了恢复和发展。

　　公元前74年，昭帝驾崩。昭帝无子，霍光便从刘氏皇族中寻找皇位继承人。霍光与皇太后商议后，决定让汉武帝之孙昌邑王刘贺继承皇位。然而，刘贺来京后，霍光却发现刘贺竟然是个骄奢淫逸的纨绔子弟。霍光为此感到非常生气，认为自己立错了皇帝，愧对武帝。因此，他又与群臣商议，决定废黜刘贺，就这样，刚坐了27天龙椅的刘贺被废了。

　　国不可一日无君，因此朝廷急需选立新的皇位继承人。霍光为此深感为难，这时，光禄大夫邴吉建议选立曾流落民间的汉武帝之曾孙刘病已。邴吉告诉霍光，刘病已德才兼备，足堪皇帝大任。随后，霍光在和群臣商议后，将此事上报太后，接着便将刘病已迎接回宫，让其继承帝位，刘病已就是后来中兴汉室的名君汉宣帝。

汉宣帝登基后，霍光仍然辅佐皇帝治理国事。公元前68年，霍光病故。

作为一位杰出的政治家，霍光主政多年，他对朝廷忠心耿耿，全力处理内外政事，为巩固大汉江山立下了汗马功劳。可以说，没有霍光，刘氏政权在武帝死后很可能不保。

〔西汉〕铜兽纽银豆

民间天子汉宣帝

汉宣帝自幼遭受"巫蛊之祸"，曾被迫流落民间。在民间生活过很长时间的宣帝，非常清楚百姓遭受的苦难，因此他当政后，便倡导勤俭节约，唯才是举，并逐步将儒家思想确定为汉王朝的统治思想，同时不再禁锢民众的思想。在宣帝的治理下，朝廷政治清明，经济繁荣昌盛，因此后世将其与昭帝的统治时期合称为"昭宣中兴"。

民间天子，拥立为帝

汉宣帝，字次卿（又字谋），原名病已，其祖父是武帝之子刘据（曾做过太子）。

在巫蛊之祸中，太子刘据和其子刘进都被杀害，就连刘进刚出生的儿子刘病已也受到牵连，被打入大狱。五年后，武帝大赦天下，刘病已才获得新生。不久，武帝又令当地官员张贺抚养刘病已，并将刘病已的名字召入刘氏皇族族谱，朝廷定时给他发放生活费。

这时，刘病已觉得"病已"之名太土，就自己更名为"询"，此后，他便以刘询自称。张贺此前曾在太子刘据手下为官，所以十分关照

〔西汉〕青铜嵌金博山炉

刘询。刘询从小便知道了许多人情世故、好坏善恶、吏治得失，再加上聪慧灵敏，因此他的学识越来越丰富。刘询长大后，在张贺的主持下，迎娶了当地官员许广汉之女许平君，也就是后来的许皇后。

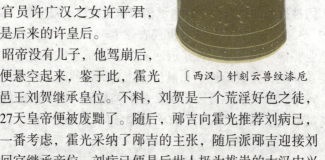

〔西汉〕针刻云兽纹漆卮

昭帝没有儿子，他驾崩后，皇位便悬空起来，鉴于此，霍光让昌邑王刘贺继承皇位。不料，刘贺是一个荒淫好色之徒，当了27天皇帝便被废黜了。随后，邴吉向霍光推荐刘病已，经过一番考虑，霍光采纳了邴吉的主张，随后派邴吉迎接刘病已回宫继承帝位。刘病已便是后世人极为推崇的大汉中兴名君汉宣帝。

宣帝登基时，只有18岁。他流落民间时，就曾听说了很多关于宫廷争权夺利的事情，因此，便对拥自己登基的霍光万般敬仰。公元前68年霍光病故后，宣帝才正式掌握朝政大权。

安定民生，中兴大汉

宣帝掌握朝政大权后，为了巩固皇权，便以皇后霍成君谋害太子之事为由，将霍氏满门斩杀，清除了霍氏势力。此后，宣帝便彻底掌控了朝政大权。

宣帝曾在民间长期生活，十分了解民众的疾苦。他亲政后，便提拔贤才，以俭治国。宣帝提拔官员时，主要任用熟知法令政策的人。此外，宣帝时常以刑法来警示臣子。当时的一些高官，如司隶校尉盖宽饶和京兆尹赵广汉等人，都因犯罪被宣帝斩杀。

为了公正地贯彻和执行朝廷的律令，宣帝专门设置了治书侍御史这一官职，主要职责便是审核廷尉的量刑尺度。此后，宣帝又将廷尉增设到四个人，并让地方上报狱囚被打死的数目，然后由丞相和御史统计上报皇帝。

此外，宣帝还非常重视农业生产。为了恢复和发展农业，他下诏宣布，凡是返回家乡的逃荒之人，当地政府为其分地，并贷给种子和粮食，让其垦荒种田。除此之外，宣帝曾数次减免百姓租赋，并下调盐价。这些措施的实行都取得了较大的成绩。宣帝元康年间，雨水充足，农业连续数年大丰收。

宣帝在处理少数民族事务方面，采取了恩威并施的手段。他出兵攻打西羌，此后又大败车师国。当时，匈奴内部混乱不堪。公元前51年，匈奴一个部落的单于亲自前往五原塞上，希望入汉称臣，于是，这一部落成了汉朝属国。此后，宣帝逐步实现了武帝未能完成的事业。

〔西汉〕鎏金铜温酒樽

作为中国历史上的一位平民皇帝，汉宣帝身世坎坷，他在位期间，汉朝军事最强大，经济最繁荣，因此后世史学家十分推崇，赞颂他说："孝宣之治，信赏必罚，文治武功，可谓中兴。"并将他和汉昭帝的统治时期并称为"昭宣中兴"。

昭君出塞

公元前33年，匈奴呼韩邪单于派人入汉称臣，同时请求与汉朝和亲，以使汉朝和匈奴永远休战。鉴于此，汉元帝准备从后宫嫔妃中选一人嫁给匈奴单于。闻听此事，王昭君自愿前往塞外和亲，由此，一段千古传颂的"昭君出塞"的佳话便诞生了。

无缘面君，自愿和亲

王昭君，名嫱，出生于湖北兴山。昭君长大后，有沉鱼落雁之容，有闭月羞花之貌。不仅如此，昭君还极为聪慧，琴棋书画，无所不通，可谓才貌双全，因此名声很快便传到了长安。

公元前36年，昭君入宫。当时，后宫已经是人满为患，汉元帝让宫廷画师毛延寿给所有宫女画像，然后从画像中再挑选自己喜欢的。许多宫女都去贿赂毛延寿，以便他把自己画得美貌一些，昭君不屑于此，没有贿赂毛

〔金〕明妃出塞图

延寿。毛延寿对此心怀不满，便故意没有画出昭君之绝色容貌。昭君从此便被关在后宫里，很久也没有得到元帝的宠幸。

呼韩邪单于统一了匈奴后，为了表示愿和汉朝永世修好，请求与汉朝和亲，希望汉元帝能将公主许配给他。汉元帝不愿将当朝公主远嫁到匈奴，于是决定从后宫中挑选一个宫女。昭君于是毛遂自荐，甘愿前往匈奴。呼韩邪单于和王昭君进宫拜谢汉元帝时，汉元帝见昭君乃是一个绝色美女，便欲将昭君留下。然而，皇帝金口玉言，实在无法挽回，他只好让王昭君远走西域，事后，却怒斩了毛延寿。

在汉朝和匈奴官员的护送下，昭君出长安奔赴匈奴。传说，昭君出塞时，由于心情抑郁，过分思乡，因此边走边弹琵琶。乐曲哀婉，凄艳无比，正在南飞的大雁听到此曲后，全都飞落于昭君四周，因此，后世称赞王昭君有"落雁"之美。

顾全大局，青冢留名

昭君嫁给匈奴单于后，其兄弟便被朝廷册封为侯，并多次奉命出使匈奴，与昭君会面。呼韩邪单于对昭君十分宠幸。日久天长，昭君也逐渐适应了匈奴人的生活方式，并与匈奴人相处得十分融洽。匈奴人既喜欢她又尊敬她。

昭君经常劝呼韩邪单于不要打仗，同时，还将中原文明介绍到匈奴。此后，匈奴和汉朝相处得十分融洽，连续60多年没有爆发战事。呼韩邪单于死后，按照匈奴人的风俗，其长子应该迎娶后母，虽然此事与中原伦理相悖，不过，昭君以大局为重，还是答应了此事。在匈奴生活期间，昭君生了一子二女。

昭君弥留之际，要求子女埋葬自己时，坟墓要坐北朝南，以便她眺望母邦。昭君去世后，其子女将母亲的墓地建在归化（今内蒙古呼和浩特市）郊外。那里芳草青青，翠绿无比，因此后人称昭君墓为"青冢"。

昭君因出塞和亲，被后人奉为和平使者，功在当时，泽披后世。昭君也是中国古代四大美女之一，后人对此更是称颂不绝。

昭君墓

汉成帝荒淫害国

汉成帝昏聩无能，他登基之后，沉迷酒色，荒淫胡为，将朝政大事放于一边，全心扑在赵氏姐妹身上。他在位期间，朝廷混乱不堪，官员贪污成风。由于奸臣恶宦当道，百姓无以为生，直接促成了汉政权的崩溃。成帝之荒淫无能，造成了朝廷"赵氏乱内，外家擅朝"的局面。

改革弊政，有始无终

汉成帝刘骜，乃元帝之子，宣帝之孙，自幼深受宣帝宠爱，时常跟随在宣帝身旁。元帝登上龙位后，立刘骜为太子。刘骜年轻时非常喜欢读书，文才也颇为出众。他本来性格温和，处事小心，但是后来却性情大变，整天沉醉于声色犬马之中。

公元前33年，元帝病逝，刘骜继位为帝，是为汉成帝。汉成帝亲政后，为了改变朝政腐败的乱局，马上采取措施进行改革：

首先，严厉打压宦官的势力。汉成帝登基后，通过明升暗降之策削弱朝中的宦官势力。

其次，采取平衡策略，让朝中各派互相牵制。成帝登基后，太后的弟弟王凤设计将元帝爱妃冯昭仪之弟冯野王排挤出朝廷，而且还设法让成帝罢免了皇后之父许嘉的官职。这样一来，朝中各派外戚开始互相攻击，明争暗斗起来。

在这段时期里，汉成帝还是有所作为的。他既打击了宦官势力，又使各派外戚势力相互牵制，从而让朝廷暂时实现了安定。

沉湎女色，荒淫害国

汉成帝登基后，尊其母王政君为皇太后，晋升舅舅王凤为大司马兼大将军，王氏族人有七人封侯，朝廷的大权也落在了王氏集团手中。成帝则常常沉醉于声色犬马之中，不理朝政，逐渐变成了一个荒淫堕落的昏君。

汉成帝继位之初非常宠幸许皇后，随着时间的推移，许皇后人老珠黄，因此成帝便转而宠幸班婕妤。班婕妤有倾国倾城之貌，再加上才识出众、谦虚有礼，所以汉成帝非常宠爱她。

有一天，汉成帝外出游玩时，在阳阿公主家里，被赵飞燕那妖艳的眼神、清脆嘹亮的歌声、曼妙无比的舞姿彻底征服。随后，汉成帝便把赵飞燕带回了皇宫，次

千秋绝艳图——班婕妤

汉成帝与赵飞燕

日便下诏赐封赵飞燕为婕妤，对其极为宠幸。此后，赵飞燕又将妹妹赵合德推荐给了汉成帝。成帝一见，发现赵合德更是娇美动人。后来，成帝废黜许皇后，将赵飞燕册封为皇后，同时册封赵合德为昭仪。

赵飞燕和赵合德一直未曾生育，姐妹俩害怕无法生育会威胁自己的地位。于是，她们迫害服侍过成帝的宫女，并杀害其子女，致使汉成帝最后没有留下一个子女。

公元前7年3月，汉成帝暴毙于赵合德怀中。赵飞燕帮助成帝的侄儿刘欣继承皇位，被尊为皇太后。六年后，哀帝刘欣死，大司马王莽以杀死皇子之罪，逼赵飞燕自尽。随后，朝野上下全都指责赵氏姐妹害人。迫于朝臣的压力，赵合德也自尽了。

汉成帝当政期间，奸臣当道，人民生活于水深火热之中。成帝沉湎于酒色之中，不理朝政，更无视民众苦难，因此致使全国各地爆发了农民大起义，西汉王朝也日益衰败下去。

汉哀帝有志无才

汉哀帝从小熟读儒家经典，推崇节俭朴素之风。他登基为帝后，欲重振大汉雄风。他采纳师丹"限田议"之策，限制土地兼并；任用贤才，勇于纳谏。这些措施的实行，使汉王朝渐有起色。可惜汉哀帝徒有治国之志，却无治国之才。他过分宠幸男嬖董贤，让其肆意妄为，自己也由一个本欲有所作为的君主逐步堕落为一个荒淫无度的昏君，汉室江山至此已摇摇欲坠。

改革失败，沉湎声色

汉哀帝刘欣，字和，自幼喜读经书，文才出众。公元前7年，刘欣登上龙位。即位初期，面对汉朝中道衰落的局面，哀帝很想有一番作为。他为此曾躬行节俭，勤奋治国，而且还起用了许多有识之士，想改革朝廷多年积累下来的弊病。

汉哀帝曾下令实行限田令和限奴令，试图抑制日益严

〔西汉〕马王堆汉墓出土的瑟

重的土地兼并现象。此令一经颁布，就遭到了大贵族的强烈反对。此外，长于权术的祖母傅太后的干政，也使哀帝办起事来力不从心，结果导致权力外移，朝风日下。

哀帝后来还颁布了废除诽谤欺诋法、罢除乐府、禁止各地进献名兽等条令。然而，以上举措又被群臣反对，再加上汉哀帝也未坚持己见，结果这些政策都成了一纸空文。

面对种种困难和挫折，年轻的汉哀帝很快便气馁了。在颁布的所有诏令都无法切实履行的情况下，汉哀帝即位之初的锐气很快也消失了，随后他便热衷于在酒色之中寻求刺激，成了一个荒淫无能的昏君。

王莽篡汉

西汉中期以后，几乎所有皇帝都由外戚辅政。元帝的皇后王政君，一生辅佐了四任皇帝，主政时间长达60余年。在此期间，王政君的侄子王莽依靠姑母的地位，加上他故作谦虚俭朴，从而收揽了人心。王莽官位愈高，为人愈谦，因此群臣十分欣赏他。随着声望日高，他开始精心扩充自己的势力，最后经过密谋，在公元8年废汉称帝，建立了新朝。至此，西汉王朝退出了历史舞台。

入朝为官，控制朝政

王莽，字巨君，出生于河北大名，他的姑姑是元帝的皇后王政君。王莽十分好学，因此他的知识十分渊博。王莽对那些位高权重的伯父叔父百般逢迎，曲意讨好。王凤在弥留之际，向朝廷极力举荐王莽。不久，王莽便被提升为黄门郎（即皇帝的侍从首领），随后又被任命为射声校尉，这时的王莽只有24岁。

公元前16年，汉成帝将王莽册封为新都侯。不久，成帝又将其提拔为骑都尉光禄大夫侍中，骑都尉可以领兵，光禄大夫可以参朝，

〔新〕铜金错刀币

侍中可以长伴皇帝身旁。这时的王莽身兼三职，可谓位高权重。

汉成帝统治末期，主管朝政事务的王根病重辞官时，极力推荐王莽代替。公元前8年，王莽被提拔为大司马，开始掌管朝政大权，时年38岁。

公元前7年三月，成帝驾崩。成帝无子，其侄刘欣继位为帝，是为汉哀帝。哀帝登基后，希望自己主政，其母族也想控制朝政大权。王莽无奈辞官归家。回家后，王莽并未一蹶不振，反而更加谦恭地对待名士。

不久，汉哀帝去世，太皇太后王政君立即命令王莽入宫处理后事。王莽便将时年9岁的汉平帝扶上帝位，朝政事务由王莽全权处理。自此以后，站在王莽一边的官员都被升官，反对王莽的官员则被残杀。

后来，王莽设法让自己的女儿做了平帝的皇后。平帝开始懂事后，对王莽的所作所为开始不满起来，王莽看到平帝对自己有怨言，便阴谋毒杀了平帝。随后，王莽迎立了只有2岁的刘婴为帝。此时，王莽早已产生了篡位夺权之念。

篡汉建新，危机四伏

公元8年，王莽登基称帝，国号为新，定都长安。至此，刘邦建立的西汉王朝在经历了210年后，宣告结束。

王莽称帝后，以复古改制为口号，开始变法。首先，他将全国的土地称为"王田"，禁止买卖；其次，将奴婢划为"私属"，也不准买卖；再次，重新制定物价，改革币制。

王莽篡位

　　然而，以上的所有措施在地主官宦的阻挠下，最后都成为一纸空文。王莽不仅没有消除社会的弊病，反而让国家陷于动荡不安之中。

之后，王莽想通过发动对外战争来缓解国内的矛盾，结果又引起匈奴、西域和西南各部族的强烈反击。接着，王莽大肆征发徭役，加重租税，任由酷吏残害百姓。不堪忍受的百姓终于揭竿而起。

　　王莽之孙王宗欲篡位夺权，还私刻皇帝专用印章。王莽发现这一情况后，王宗因恐惧而自尽。此后，王莽开始对子孙也不信任。后来，王莽找借口把太子王临废了，并把他驱逐出长安，随后又找借口逼死了王临。

　　此时，全国各地起义烽火连绵不绝，在农民起义军的沉重打击下，王莽的新朝日渐衰败。

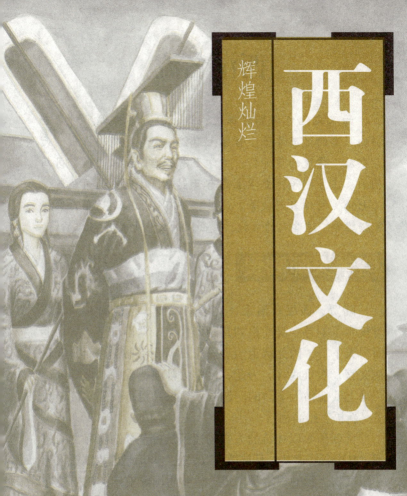

辉煌灿烂

西汉文化

西汉名流

西汉文化可谓灿烂辉煌，这一时期也出现了对后世影响深远的名流才子。哲学上有儒学大师陆贾、提出"天人感应"学说的董仲舒；文学上有著名的赋家贾谊、司马相如、东方朔等；史学上更有开创纪传体通史的司马迁、《七略》的作者刘歆等。此外，还有音乐家李延年、思想家扬雄等。这些人的成就，使西汉的文化大放异彩。

儒学大师陆贾

陆贾，西汉政治家、文学家。他本是楚国人，秦末时投奔了刘邦。汉高祖刘邦刚即位时，觉得自己"居马上而得天下"，因此认为治理国家不需要诗书，进而非常藐视文官，看重武官。为此，儒学大师陆贾就曾和他辩论过"马上安能治天下"的问题，并建议高祖重视儒学，还写了《新语》给高祖看。

《新语》以独特的方式阐述了从古至今国家存亡的道理。其中，《道基》是首篇，以"道"开篇是因为陆贾认为一切事物运行的根本是"道"，要想国家安定，就要遵守"道"的原则。陆贾也借阐释"道"，深入分析了汉朝以前的国家兴衰之事。《新语》还体现了老子的一些思想。也就是说，《新语》是一本以儒家思想为主线，并结合了道家思想的书。《新语》是西汉封建统治的思想武器，后人还说它秉承了荀子和孟子的观点，并且启发了贾谊和董仲舒的思想，因此这本书被认为是汉代儒家思想奠定统治地位的基石。

高祖读过《新语》后，也觉得"文武并用"的观点很有道理。因此，陆贾的《新语》成了汉代确立儒家思想统治地位的先声，陆贾也理所当然地成了第一个建立汉代新儒学的人。

传奇才子司马相如

司马相如，小名犬子，字长卿，祖籍四川成都。读书、舞剑是司马相如的爱好，战国良相蔺相如是他最敬重的人，为此他还改名为相如。他以一曲《凤求凰》获得了大富豪卓王孙之女卓文君的青睐，并终与之成婚。

赋是汉代最重要的文学样式，散韵结合、专事铺叙是它的特点。汉初主要流行的是"骚体赋"，这种赋在一定程度上继承了楚辞的特点，后来则渐渐地被有独立特征的"散体大赋"替代了。汉代大赋的奠基者是司马相如，他也是最有成就的汉赋代表作家之一。他生平写作了29篇赋，但只有《天子游猎赋》《哀二世赋》《长门赋》《上林赋》等几篇传世，虽然很少，但在中国文学史上却占有不容忽视的地位。

公认的司马相如最成功的作品是《长门赋》。此赋采用骚体，全篇渗透着深沉、浓厚的情感，因此被认为是历代宫怨作品的先祖。

司马相如为官，非常

文君井

淡泊名利，因此很少结交有权势之人。后来，司马相如因病辞去官职，回到了故里。

司马迁忍辱著史

司马迁，祖籍陕西韩城，字子长。司马迁10岁时开始学习古文书传，并跟着董仲舒学习《公羊春秋》，跟着古文家孔安国学习《古文尚书》。在这两位儒学大师的教导下，司马迁很快就在儒学上有了一定的造诣。公元前108年，司马迁继任父亲的太史令之职，并开始撰写《史记》。

公元前99年，征战匈奴的李陵兵败被俘。司马迁由于言语袒护李陵而被武帝处以腐刑并关进监牢，他忍辱负重继续在狱中写作。汉武帝于公元前96年改元，大赦天下。此时才出狱的司马迁已经50岁了，他担任了中书令，旁人觉得他是"尊宠任职"，但司马迁不在乎这些，只把心思放在著书上。公元前91年，我国首部纪传体通史著作《史记》终于完成。

《史记》主要讲述了从传说中的黄帝一直到武帝元狩元年的我国古代3000多年的政治、经济、文化等方面的历史。全书的主线是人物，共52万字，130篇，其中"本纪"12篇，"世家"30篇，"列传"70篇，"表"10篇，"书"8篇，"本纪"和"列传"是全书的主体。"本纪"采用编年的方式记录君主的言行和政绩，它是《史记》全书的大纲；"表"以表格的形式来统系史实、世系和人物；"书"叙述的是制度的发展，包括礼乐、天文、经济、地理等内容；"世家"叙述的是各诸侯王国兴衰的事迹；"列传"是除帝王、诸侯以外的风云人物的传记。

《史记》记述史事多以社会为核心，因此它展现给后人的这部社会更替史非常庞大。这本书不仅开了纪传体史书的先河，还为中国史学著作提供了新的范例。《史记》在文学史上也占有非常重要的地位，"承前启后"是对它在散文史上的作用的概括。鲁迅认为《史记》为"史家之绝唱，无韵之《离骚》"。

音乐家李延年

李延年，祖籍河北定县，是武帝时知名的音乐家，他生于倡优之家，家人都是乐舞艺人，皆精于音律。李延年少时因触犯法律而受到了腐刑，后来就到宫内做了太监。他能歌善舞，精通音律，因此武帝非常赏识他。

除了能歌善舞，李延年也擅长创作音乐，他有着很高的作曲水平和独具特色的技法，所以很多文人包括司马相如都让他为自己的辞赋配曲。他还精于把古曲翻新，在我国历史文献上，最早标明作者姓名和乐曲名字的就是他创作的乐府仪仗乐曲。

一日，李延年为其妹作了一首新歌："北方有佳人，绝世而独立，一顾倾人城，再顾倾人国。宁不知倾城与倾国，佳人难再得。"武帝陶醉在了这首美妙的乐曲之中，并命人召李延年的妹妹入宫，她就是李夫人。李延年因为妹妹的入宫而飞黄腾达，成了专门管理皇室乐器的"协律都尉"。

李延年极大地推动了民间乐舞的发展，他重新整理、编配了乐府收集的很多

〔西汉〕马王堆汉墓出土的竽

民间乐歌。李延年在音乐上的主要贡献就是促使汉代形成了自己的音乐风格，并影响了我国后来音乐发展的方向。

思想家扬雄

扬雄，祖籍四川成都，字子云，西汉末年著名的文学家、思想家、儒学大师。他才华卓越，知识广博，平生只好写作，不喜追名逐利，擅于写诗作赋，《解嘲》《逐贫赋》和《酒箴》等都是扬雄赋中的出色作品。

扬雄为了躲避朝廷内外的争斗，曾用心钻研天文历法，并自始至终地探索着学术问题。后来，他在仿照《周易》而写的《太玄》中，称哲学系统的最高领域就是"玄"，在他看来，天地互相作用产生了万物，而天地的根源就是"玄"。他认为气的根基是"玄"，因此说"玄"是"摛措阴阳而发气"。

《法言》是扬雄在《太玄》之后写的一本书，共13篇，是采取问对形式和语录结构的书。当时正处于百家争鸣、诸子都剑指孔子的时候。扬雄为了说明道理，维护孔子学说，就结合百姓平常的疑惑，模仿《论语》结构写了这本书。《法言》的用词非常谨慎，这也是扬雄写作态度端正的结果，因此才会在当时就获得诸多好评。

《法言》《太玄》二书反映了扬雄在社会、政治、哲学等方面的一些观点，为中国思想史做出一定的贡献。司马光称他是在孔子之后，能够超越荀子、孟子的一代儒学大师。

东汉

中兴汉室的王朝（公元25年—220年）

赤眉绿林起义

王莽的暴政让寄希望于新政的老百姓苦不堪言，而连连发生的各种天灾更是给了百姓重重一击。老百姓在天灾人祸的双重打击下，终于揭竿而起，纷纷反对王莽政权。起义军受到了广大百姓的支持，一路下来不断发展壮大，没多久势力就覆盖了全国。多路起义军中，推翻王莽政权的主要力量是声势最大的绿林、赤眉两支。

社会动荡，绿林起义

王莽在位时，众多农民在激烈的土地兼并斗争中失去了自己的土地，成了流民，有些成了强权地主的佃农，有的成了奴婢。王莽实行的托古改制，却引发了更大的暴乱，原因是这样的制度引起了贵族、地主和官僚的激烈反对。王莽又颁布繁杂苛细的刑法和禁令，还连年征战边境少数民族，又赶上天灾不断，没有出路的农民只好揭竿而起，加入起义军的行列。

公元17年，荆州新市（今湖北京山东北）人王匡和王凤兄弟得到了大家的拥戴，成了首领。他们二人组织起了附近的几百饥民，再加上一些投奔而来的逃犯，建立了起义军队。

起义军称为绿林军，以占领的绿林山（今湖北大洪山）为基地，开始向周围的乡村发起进攻。几个月后，起义军已有几万人。

公元21年，绿林军再一次打败了王莽的荆州牧兵，人数又增加了几万。之后，由于绿林山出现了瘟疫，起义军只得兵分两路出山。其中一路是下江兵，将领是王常、成丹，他们向西进入了南郡（今湖北江陵）；还有一路是新市

〔新〕王莽嘉量

兵，将领是王匡、王凤、马武，他们向北进入南阳。新市兵攻打随县时，又有一支队伍前来投奔，这就是平林人陈牧、廖湛的部队。

不久，刘玄也来投奔陈牧。刘玄是春陵人，汉室宗亲，因触犯法律逃亡在外。没多久，刘玄的本族弟兄刘演和刘秀的春陵军也开始反对王莽政权。春陵军有七八千人，以"复高祖之业"为口号。他们知道刘玄投奔绿林军的消息后，也加入了绿林军。自此，在刘演和刘秀的辅佐下，刘玄开始逐渐强大起来。

公元23年，刘玄在青阳被绿林军立为皇帝，建立了年号为"更始"的汉朝。王匡、王凤被封为上公，刘演受封为大司马，刘秀被封为太常偏将军。此后，绿林军又称汉军，拥有了更强的号召力。

赤眉起义，攻击官军

公元18年，樊崇在莒县（今山东莒县东北）揭竿而起，只有百余人的起义军在占领泰山后，受到了周围民众的拥戴。很快，樊崇的老乡逄安及东海人徐宣、谢禄等也带着部队加入了他们，起义军人数骤增至几万人。他

们以泰山为根据地，占领了山东境内的莒县、青州等地，势力发展到了十几万人。他们一路斩杀官兵，收缴地主钱财，并重罚强权地主，这样，拥戴他们的贫穷百姓也越来越多。

这支起义军由农民组成，他们没有标准的规章，没有口令、文书，也没有旗帜或标志，将领和士兵和平共处。在他们中间，"三老"是最有权力的人，之下依次是"从事""卒史"。起义军内部为了表示平等，还互称"巨人"。但他们军纪严明，凡杀害民众的一律处斩，凡骚扰民众的一律受刑，因此，越来越多的民众拥护他们。

公元22年，新朝太师王匡和将军廉丹奉王莽之命携十万大军围剿樊崇起义军。樊崇让士兵把眉毛染成红色，作为区别于王莽军队的标记。因此，樊崇起义军就有了"赤眉军"这个别号。

这一战中，王莽军队大败，王匡战败逃走，廉丹战死。之后，绵延几千里的山东、江苏、安徽、河南等地的广阔区域，就成了赤眉军的活动地带。众多其他分支队伍，如青犊、铜马也不断加入进来，"赤眉军"有了更大的势力。

不久，樊崇率军归顺了称帝于洛阳的刘玄，还被刘玄封了侯。从此，绿林军和赤眉军并肩作战，一起反抗王莽的政权。

〔新〕"始建国元年"铜方斗

刘秀复汉

新朝后期，绿林军起义反抗王莽政权的同时，汉朝皇室宗亲刘秀也发动了起义。在昆阳大战中，刘秀给了王莽军重重一击，至此，王莽政权的灭亡已不可避免。后来，刘秀和云台二十八将一起出生入死，东征西战，攻陷河北，收服王郎，降伏铜马起义军。最后，他统一全国，以洛阳为都，重建了汉室王朝，史称汉光武帝，成了中兴汉朝的君主。

扩充实力，自立为王

刘玄建立"更始"政权，登基后没多久就把都城迁到了洛阳，第二年，又改迁长安。此时，出身于士族地主阶级的刘玄，开始显露出了他的阶级本性——淫乱奢靡。他整日在后宫饮酒作乐，还使计诱骗起义军首领申屠建、陈牧和成丹进宫，杀害了他们。农民军和"更始"政权之间的分歧越来越大。

刘玄迁都长安后，又想迁回洛阳，就派刘秀去修葺皇宫。刘秀到了洛阳，不遗余力地亲身监督工程。刘玄迁回洛阳后，为了让刘秀去攻讨黄河北边的郡县，又给了已为破虏大将军的刘秀以大司马的权力。

刘秀到黄河北岸后，为了获取民心，废弃了王莽的苛捐杂税，还放了囚犯。不料，当时河北的强权地主王郎称帝，并重金悬赏抓捕刘秀。公元24年5月，逃亡了数月之后，刘秀在信德太守任光、上谷太守耿况、渔阳太守彭宠

汉光武帝祠

的帮助下打败了王郎。后来，刘玄封刘秀为萧王，召他领兵回长安。刘秀的部将劝说刘秀反叛，夺取政权。刘秀便对刘玄派来的使者说："虽已灭掉王郎，但未平定河北，所以我还不能回去。"这样，刘秀没有回到长安，从此就和绿林军各奔东西了。

当年秋天，刘秀趁赤眉军和刘玄激战之时，率部攻打铜马义军，最终取胜。而后，在蒲阳（今河北定县北），刘秀又俘获了铜马军首领，收编铜马军全军。此战之后，刘秀的军队又多了十万人，士气大增。

众望所归，称帝复汉

公元25年，刘秀的部下马武建议他称帝。刘秀装得很吃惊，最终没有接受马武的规劝，他还将众将领集合到一起，严肃地斥责了马武。

没多久，刘秀又找到冯异，向他打探各地军况。冯异猜到刘秀想称帝了，但是又很犹豫。冯异便乘机劝他称帝，而此时，各地也有不少人传言说刘秀称帝是天命难违，刘秀知道这些情况后，也就不再推托，允诺称帝了。

公元25年6月22日，刘秀称帝，年号"建武"，史称"光武帝"。10月，刘秀和其部下攻陷洛阳，并以此为都，此后的汉朝被称为东汉。

刘秀登基时，西边的更始政权和东边的赤眉军还在活动。另外，河南南部、安徽北部被刘永占领着，西北的甘肃、陕西、内蒙古地区被隗嚣占领着，巴蜀、汉中地区则被公孙述占领着，他们的军事力量都非常庞大，而其他大大小小的割据势力也散布各地。在接下来的十年里，刘秀消灭了赤眉军，打败了刘永、隗嚣、公孙述等所有的割据势力。公元36年，他最终统一全国。至此，刘秀复建汉室的目标总算完成了。

汉光武帝刘秀兼具文才武略，为人宽宏大量，是历史上有名的皇帝之一。他一手打下了东汉的江山，用兵长于谋略，精于以弱胜强，以奇取胜。他是推翻王莽政权、结束割据局面的关键人物，对历史发展做出了巨大的贡献。

〔东汉〕铜车马

一代贤后阴丽华

刘秀即位后，没多久就册封妻子阴丽华为后。从此，阴丽华就全心全意地相夫教子、管理后宫，并且从不干涉朝政。更让人敬佩的是，她为了让光武帝能够全身心地处理朝政，不用为外戚乱政担忧，而竭力束缚本家。阴皇后一生仁慈恭敬，谦虚谨慎，端庄大方，成为人们公认的贤后。

一见钟情，委身刘秀

阴丽华，传说是管仲的后人，祖籍河南新野，出身名门望族，美若天仙，倾国倾城。阴丽华有选丈夫的标准，她一向重视一个人的抱负和才华，因此很多大家族的儿子来提亲都被她找理由拒绝了。

刘秀早就知道阴丽华的美貌，也在心里发誓一定要娶到她。但是，刘秀也深知自己不论是在名望上，还是在势力上都不及阴家，因此他没有草率地前去提亲。

各地纷纷起义反抗王莽的暴政时，刘秀和哥哥刘演也举起了反抗的旗帜。几年以后，兄弟二人由于作战英勇，名望越来越高。这时，刘秀麾下的阴氏兄弟也觉得刘秀定是个有前途的人，就说服家里人让阴丽华嫁给刘秀。

不久，刘玄找借口杀了刘演。失去哥哥的刘秀悲痛不已，而此时也只有阴丽华陪着他，安慰他。没多久，王莽被害，刘玄迁都洛阳，并让刘秀平定河北的割据势力，但却未给他更多军马。刘秀自然晓得这是个危险的事，就送阴丽华回了故乡新野。

　　进驻河北后，刘秀发展势力的最大障碍是王郎，为了铲除王郎，刘秀不得不求助于河北军阀刘扬。但刘扬却希望刘秀娶自己的外甥女郭圣通，这样才肯帮他。没有办法，刘秀只好娶郭氏为妻，并最终靠刘扬的十万精兵击垮了王郎，平定了河北的割据势力。他称帝定都洛阳后，就让人接阴丽华来团聚。

谦让自抑，皇后楷模

　　刘秀即位的第二年，想让阴丽华做皇后，可阴丽华认为郭圣通已生有一子，而自己还没有孩子，就让刘秀立她为后。刘秀感动于她宽厚仁慈的品德，就册立郭氏为后，并册封其子刘疆为太子，阴丽华则做了贵人。

　　这时，刘扬出兵叛乱，但很快就被平定了。刘秀想借此机会废掉郭皇后，立阴丽华为后，可还是被阴丽华谢绝了。

　　公元33年，无名盗贼杀害了阴丽华的母亲和弟弟。刘秀觉得自己对不起阴家，就下诏再一次封赏了阴家，命朝中官员去吊唁，还在诏书里透露了当年只有几

明刻历代百美图之阴后

个人知道的阴丽华拒绝做皇后一事。从那以后，郭皇后就开始刁难阴丽华，可阴丽华却事事忍耐。

公元41年，刘秀终于无法忍受郭皇后的所作所为，便废掉了她，改立阴丽华为后。刘秀在诏书里说，郭圣通是和吕雉、霍成君一样的人。

阴丽华后来努力安抚郭皇后和郭家，同时也劝太子刘疆不要放在心上。郭圣通被废后，太子刘疆终日惶恐，后来主动让出了太子之位。刘秀去世后，阴丽华的儿子登基成了汉明帝，阴丽华也成了皇太后。但她依旧怀着悲悯仁慈的心，还叮嘱自己的后人要好好对待郭氏家族。公元64年，阴皇后病逝，终年60岁。

阴丽华一生谦虚贤惠，从不干涉朝事，她为了不让刘秀为外戚担忧，而限制本家人势力的发展。古代皇帝中，很少有几个皇帝能拥有幸福的婚姻，而刘秀和阴丽华的美满婚姻却让别人羡慕，这自然有刘秀宽宏大量、情感专一的原因，但最重要的则是因为贤惠的阴丽华能恪守本分又仁慈宏大。

复汉功臣云台二十八将

"云台二十八将"是帮助光武帝复建汉室的著名将领，汉明帝为了纪念他们，命人在南宫云台阁画了他们的画像，其中之首便是战功赫赫的邓禹。此外，还有吴汉、冯异、耿弇、岑彭等人，他们都为汉室江山的恢复做出了巨大的贡献。

功高盖世邓禹

邓禹，祖籍河南新野，字仲华。他自幼就很聪明，长大后去长安游学。此时刘秀也在长安学习，两人就成了好友。刘秀起义后，他前去投靠，很受刘秀的器重。他任人唯贤，刘秀任用将领时都会询问他的看法。

公元25年，邓禹携西征军离开箕关，进入河东（今山西境内），用了十天就攻占了河东，还得到了很多物资。随后他又用巧计俘获了刘均，逼得王匡只好逃走。这一战，他还获得了数不清的兵器、500多枚将领的印绶和其他东西。之后，河东就很顺畅地被平定了。当月，刘秀在鄗城登基，封年仅24岁的邓禹为万户侯、大司马。

〔东汉〕透雕玉座屏

之后，邓禹渡过黄河，又大败拥有十万人马的刘玄的中郎将公乘歙，铺平了前去关中的道路。邓禹的军队纪律严明，军士从不强取豪夺，邓禹还抚慰沿途投靠他们的众多民众。因此各地驻军纷纷投奔邓禹，其力量日益壮大。后来，赤眉军在长安城内斗起来，其主力部队西进扶风。邓禹得知长安内虚，命令将士急速前往，不久就攻下了长安城。

公元37年，天下一统后，光武帝奖赏有功之臣，邓禹也被封为高密侯，位列二十八位复国将领之首。公元58年，57岁的邓禹因病去世。

邓禹虽是云台第一将领，但功绩却不如其他人。只是，他是刘秀的挚友，又常常在刘秀身边出谋划策，因此才获此殊荣。当然，他在刘秀复建汉室之时也的确做出了重大贡献。

力挽危局吴汉

吴汉，字子颜，生于河南南阳一个穷苦之家，是云台二十八将中的第三名。此人善于用兵，足智多谋，虽败不弃，虽胜不骄，并总是在最危难时挽救局面，为东汉的大一统做出了卓越的贡献。

吴汉早年就知刘秀惜才，便决定归顺刘秀。由于邓禹的大力推荐，吴汉被刘秀封为偏将军，并被派去率骑兵围剿邯郸。没多久，邯郸就成了吴汉的囊中之物。

吴汉经常率领骑兵跟随刘秀出生入死，北上攻打铜马、重连、高湖等战争中都有他的身影。河北被攻克后，吴汉又和各将领力劝刘秀称帝。刘秀登基后，吴汉因功高而被升为统率全军的大司马，并被赐号舞阳侯。

公元26年，檀乡农民军被吴汉统领的军队击败，十几万人马统统归降吴汉。刘秀得知后，命使者赐封吴汉广平侯之号，并封赏田邑。公元27年，驻守在河内郡轵县（今河南济源县南）地区的青犊农民军被吴汉、建威大将军耿弇、虎牙大将军盖延率部击败，归降汉军。公元29年春，吴汉携精兵攻下了渤海。第二年春天，他又占领朐城，杀董宪。公元39年，吴汉将五万多雁门、代郡、上谷等地百姓迁往居庸关、常山关以东。匈奴也遭到了吴汉、扬武将军马成、捕虏将军马武的袭击。

公元44年，吴汉病逝。吴汉一生节俭，从不过多置办土地家宅，他做事果断、勇敢，在南征北战中为东汉一统天下立下了赫赫功绩。

大树将军冯异

冯异，祖籍河南宝丰，字公孙，"云台二十八将"中的他是东汉的佐命虎臣。他自幼好读诗书，并精通《左氏春秋》和《孙子兵法》。

冯异一向谦恭，从不夸赞自己，每每与其他将领不期而遇时，他都会命车马主动让开道路。他的军队以军纪严整享誉全军。每次安营扎寨时，将士们都聚集起来争论谁的战功卓越，冯异这时却经常独自躲在树下歇

〔东汉〕铜雁炉

〔东汉〕铜连枝灯

息，因此将士们就称他为"大树将军"。王郎被打败后，刘秀重新制订了作战计划，调整将士部署，很多下级将士都想做冯异的手下，使得刘秀对他刮目相看。

公元26年，光武帝封赏功将，冯异因此成了阳夏侯。当时，关中一带民不聊生，本已占领汉中地区（今陕南）的延岑又起兵袭击长安西部，各郡县强权地主相继持兵自保，而缺少军粮的赤眉军的士兵也大多想向东回归。刘秀则命冯异进入关中，掌管这里的军队。刘秀亲自送冯异到了河南，把七尺宝剑赐给了他。冯异领命直奔关中，一路上，他善待百姓，得到了百姓的信任。三年过后，关中终于被平定了。

此后，消灭延岑、公孙述、隗嚣、卢芳等人的战役也有冯异的功劳。公元34年，由于长久以来一直带病打仗，冯异终于体力不支，在军中逝世。

冯异具有文韬武略，为东汉的建立立下了汗马功劳。他本人非常谦虚，从不因功自傲，实在是个不可多得的人才。

光武帝平复陇西、灭公孙述

平定关中后，光武帝想统一全国，要对付的割据势力就只有河西的窦融、巴蜀的公孙述和陇西的隗嚣了。可是势力很强盛的公孙述很难对付，窦融相对弱小威胁不大，所以刘秀就先聚集所有人马对付势力、威胁均属中等的隗嚣。占领陇西后，光武帝再开始大举向强大的巴蜀地区进攻，消灭公孙述。

出兵陇西，击灭隗嚣

在铲除赤眉军，消灭掉关东的各个势力后，刘秀决定平定陇西、消灭巴蜀公孙述，以统一全国。那时，河西、陇西、巴蜀分别被窦融、隗嚣、公孙述占领着。刘秀采取了先近后远的作战策略，决定先对隗嚣发兵，接着再对付公孙述。

公元30年春，刘秀命耿弇、祭遵等将领兵分多路向陇坻（今陕西陇县西北）进兵。隗嚣速遣将领王元占领陇坻以阻挡汉军进攻。之后，汉军取道渭北平原，越过陇山，向陇坻进攻，惨败。王元携军沿路追击，幸亏汉将马武带领精兵在后面以死相拼，汉军才能够撤退。

公元31年秋，隗嚣率领三万兵马攻打安定（今甘肃镇原地区），却在阴槃（今甘肃宁县一带）遭到了冯异的阻挡。隗嚣又兵分几路攻取藉县（今甘肃天水地区），却又遇到祭遵的阻拦，最后只好无果而回。这时，隗嚣的部下王遵投降了刘秀，并被升为太中大夫。之后，刘秀逐渐聚拢陇西的将士，瓦解了隗嚣的大军。

公元32年春，刘秀趁隗嚣不备，开始对其发动进攻。他先命令来歙和祭遵带领部队攻击略阳（今甘肃庄浪地区），以达到切断隗嚣后勤补给线的目的。可是，在此期间，祭遵因病而回，来歙只得率领2000多将士，一路艰难行进，最终他率部队从回中（今陕西平凉一带）直取略阳，很快攻下。

公元33年，隗嚣郁郁而亡。8月，刘秀派遣来歙带领大军继续攻取陇西。此时，陇西的驻军士气已经很弱。

公元34年秋，汉军打败了陇西军，王元则带着少数兵马向蜀地逃去，后被公孙述留用。这时，平陇战役已经进行了四年。

此次战役，刘秀亲自出征，并且几乎动用了所有的开国良将。平定陇西后，汉军就可以坐阵陇西攻打南、西、北三面的公孙述、羌族部落和匈奴了，所以此次战役为东汉的大一统打下了根基。

〔东汉〕"赋税"画像砖

灭公孙述，平定蜀地

收复陇西后，刘秀开始计划除掉公孙述。他知道巴蜀地区东靠三峡、北依巴山，易守难攻，于是就制订了水陆并进、先取成都的战略方案。他命令岑彭、大司马吴汉带领荆州的兵马沿长江逆流而上向江西进军，还派遣大将来歙带领陇西军自天水直取河池（今甘肃徽县西北）。

公元35年3月，刘秀命大司马吴汉带领六万多兵卒赶去援助岑彭带领的东路军。6月，来歙的北路军开始攻打蜀地，并大败公孙述派来阻止汉军南袭的王元、环安军，占据了河池、下辨（今甘肃成县一带）。

7月，岑彭开始进攻江州，占领了武阳（今四川彭山东）。这期间，他为了进攻成都，还命精兵良骑突袭巴蜀的中心地带——广都（今成都南）。

臧宫率军大败蜀军，蜀军众多将士或被杀或溺水而死。最终，除了延岑逃到成都外，十几万蜀军都归降了汉军。汉军趁机穷追，并在平阳俘虏了王元，使得他最后归降了汉军。此后，臧宫带领军队直取成都。

不甘心战败的公孙述派人杀死了岑彭。岑彭死后，刘秀命吴汉替代他，继续率军讨伐蜀地。

公元36年，吴汉在鱼涪津（今四川眉山地区）打败了蜀将魏党和公孙永的部队，接着率军围剿武阳城。公孙述调集军队前去支援，但援军全军覆没。吴汉受刘秀之命，带领将士绕过诸县，直取广都，进入敌人的中心地区。他命快骑烧毁了成都市桥，切断了敌军的退路，蜀军知道后都十分惊恐。7月末，冯骏占领江州，俘获了蜀将田戎。

之后，吴汉八次战胜蜀军，汉军也占领了成都的外城。没多久，汉将臧宫带领军队也赶到了成都城门外。

危急时刻，公孙述把召集来的五千人敢死队给了延岑。延岑假装攻打市桥，并派主力从侧面突袭汉军，吴汉战败。这时，吴汉军中的粮食已经没有多少了，可他坚持不撤退。11月，在成都西北的咸门，延岑带领敢死队抵挡臧宫的大军，最终汉军三战三胜，完全击垮了延岑军。此时，公孙述亲自率领几万兵马攻打吴汉，结果战败。此次战役中，公孙述因受重伤而死。无路可走的延岑只好献城降汉。至此，汉军终于完全灭掉了蜀国。

灭公孙述一战是中国战争史上顺三峡进入四川，并巧妙运用江河的实际距离往返作战的出色战役。公孙述死后，巴蜀归降东汉，刘秀基本统一天下。

〔东汉〕墓室壁画《君车出行图》

光武中兴

刘秀统一天下后，以前史为鉴，基本采用"无为"之法管理国家，同时又陆续采取一系列强化君主权力、缓解阶级矛盾和休养生息的政治策略，为恢复和发展社会经济打下了根基，使得东汉早期的80年间，国家富庶，百姓安乐。因此，后人把这段国泰民安的时期称为"光武中兴"。

统一政权，巩固统治

刘秀重建汉室后，为了使政权稳定，陆续实施了一些政策：

第一，整饬吏治，加强君主专制的中央集权。刘秀虽然大封良将为侯，赏赐他们丰厚的财物，却不允许他们干涉朝政，还大大限制诸侯王和外戚的权力。他为了独揽大权，下令全国的政务都由尚书台处理。他还强化了监察机制，提升了御史中丞、司隶校尉和部刺史的权力和地位。另外，刘秀还下旨规定了选拔官员的条件：要有崇高的德行，出身要好；要博学多才，通晓各种经典；要谙习各种法规政令，能够娴熟地处理政事；要有才能，遇事沉稳，能独立决断是非。全国的官员在选拔贤士时，都要完全以这四条为准绳，倘若有人违背，一定会被治罪。

〔东汉〕
"长乐"镂雕螭纹璧

第二，简化机构。公元30年，刘秀下旨命全国各地减少官员人数，全国共并400多个县，精简了十分之一的官员。这些政策加强了皇权，有效地促进了封建官僚机构行政效率的提高，使刘秀真正做到了"总揽政纲"。同时，西汉时制定的地方兵制也被刘秀废除了，他还取消了地方军队，让中央军队负责地方防务。

第三，号召天下人尊敬孔子，崇尚儒学，以强化思想统治。刘秀刚登基时，设立太学，还亲自参与讲学。之后，他还特意命大臣去拜祭孔子，并赐孔子后人孔志"褒成侯"之号，以示自己尊敬和推崇孔子。董仲舒以来的儒家谶纬之说可以强化君主对百姓的思想统治，得到了刘秀的高度尊崇。同时，刘秀还以西汉后期很多追逐名利的官员、贤士都归顺王莽为鉴，重重封赏了在新朝时归隐的官员和贤士，并称赞他们品德高尚，借此来培养朝中官员、世间贤士重视品德和节操的习气。

第四，与少数民族休兵和解。大将马武提议出兵攻打匈奴，刘秀对他说："现在国家刚刚稳定，社会经济还没有复苏，怎么可以再进行远征呢？"这一明智的决定，使得东汉初年的边境非常安定，南匈奴没有作战即归降汉朝，北匈奴也以和亲来示好，西域各国和东北的鲜卑、乌桓也纷纷称臣纳贡。

注重民生，与民休息

东汉建立之初，天下因遭受连年战乱，民不聊生，国家穷困。为此，刘秀采用了以下措施来恢复国家的经济生产：

第一，释放奴隶。西汉后期以来的最严峻的社会问题就是奴隶问题。新朝农民起义不断之时，许多人被掠走卖做了奴隶。为了使生产力得到解放，刘秀即位后，先后九次下旨释放奴隶。众多奴隶成为平民，回到乡村，对生产起了推动作用。公元30年，田地荒芜的现象渐渐有所好转。刘秀在位后期，全国户籍上的人口已经超过了2100万。建武五年，刘秀还将"十税一"的田租改为"三十税一"，使田租和西汉文景之治时一样，以减轻农民的负担。

第二，倡导节俭，减轻刑罚。刘秀即位后，不穿华服，也不听曲调妖娆的乐曲，还下旨命全国所有的官员都不许进献奇珍异宝。他把地方官进献的宝马拿去驾鼓车，还把值几百两黄金的名剑送给骑兵；他从不建造豪宅，也不组织耗费大量人力、财力的狩猎活动。他还下旨在全国实行"薄葬"。他驾崩之前，就嘱咐后人给自己办一个简单的葬礼，就像西汉文帝那样，陪葬品不用金银铜锡，只要瓦器即可。此外，刘秀还废除了很多酷刑。

第三，停止作战，休养生息。东汉建立之初，由于连年战乱，生产停滞不前，人口更是大幅度减少，因此刘秀采取了休养生息的措施。自从统一了陇西、巴蜀后，刘秀再也没有进行过征战。公元31年，刘秀又精简了军队，众多兵卒重返家乡，开始种田。刘秀的措施不仅缩减了军队的支出，也使得农业生产多了大量的劳动力。

在刘秀及其继任者明、章二帝的努力下，东汉前期人心安定，社会繁荣，百姓的生产积极性很高，社会经济很快就得到了恢复和发展，人口每年都有所增加，这一时期被后代的史学家称为"光武中兴"。南宋诗人陈亮曾以"自古中兴之盛，无过于光武"来称颂这一时期的辉煌。

中兴明君汉明帝

"明章之治"指的是汉明帝及其子汉章帝统治东汉的30年间，开创的国无贪污腐败之事，社会昌盛，国家比较安定的局面。明帝登基后，积极倡导儒学，重视刑罚、法律，还禁止外戚干预政事，并多方面限制功臣、士族大家。此外，他还从根本上解除了因王莽暴政而导致的周围少数民族进犯的威胁，恢复和发展了汉族与少数民族的友谊。

打击宗室，加强集权

刘秀的第四子即为汉明帝，名庄。明帝幼时就喜欢诗书，理解力很强，10岁时就了解了《春秋》。刘秀非常喜欢他，认为他有周朝贤士季札之才。

公元57年，刘秀因病去世，太子刘庄即位，是为汉明帝。

刘秀在位时，就严格控制同姓宗室王，他的十个儿子都只封王，而不就国，聚集在洛阳，每人只分封到很少的土地，根本无法与西汉时的同姓王相比。因此，刘秀死后，明帝登基，各个同姓王驻守自己的封地，而不生事端。刘荆是明帝的弟弟，为刘秀诸子中很有才华的一个，他鼓动被废的太子刘疆谋反。刘疆本是个安守本分之人，将此事告知了明帝。明帝并未追查只让其咎由自取。之后，刘荆、刘英相继策划谋反，事情败露后，双双畏罪自杀而亡。

明帝除了巧妙打击宗室贵族外，还严格限制外戚权臣。他按照刘秀在世时的意旨，在云台画了二十八将之像，却独独把自己的岳父马援排除在外，这也是在向大臣表示自己要掌控外戚。他在位期间，三位国舅马廖、马光、马防的职位都没有超过九卿。他还下旨声明，后妃家族里只有一人能够升为校尉。

另外，汉明帝还严厉惩罚依仗着权势胡作非为的外戚和大臣，也绝不包容位高权重之人，这对大臣、百官起到了很好的震慑作用。

另外，明帝还很重视整饬吏治，在考察和任免地方官员上也很严厉。明帝刚登基，就下旨命令吏部在选拔官员时要谨慎，有犯上作乱、欺压民众记录的人，一律不予选用。公元66年，明帝下旨，每年对地方官吏进行一次考核。在选人为官上，他还明令禁止权臣干涉。

与民休息，崇尚儒学

明帝执政期间，曾几次下旨减轻刑罚，减少徭役赋税，还命各地官员督促、扶持农桑，竭力防治虫害，并让贫民种植公田。由于实行了这些举措，当时的农业呈现出繁荣的景象。

公元70年，明帝下旨对黄河进行治理。明帝命水利专家王景和王吴带领大军整修黄河河道。他们在黄河荥阳东到千乘海口将近500千米的河面上每隔五千米就建一道水门，使得黄河中下游的农民可以顺利进行农业灌溉。

另外，明帝还倡导官员以简朴为美德，皇宫生活也比较节俭。那时，皇后穿的是素服，旁边的侍者穿的是帛布，从不佩戴贵重奢侈的饰品。由于皇室的大力提倡，简朴之风很快盛行全国。

明帝幼时就学习儒学典籍，登基后，他依旧刻苦努力地学习，并大力推广儒学，倡导人们尊崇孔子，研读经书。他曾几次与太子、大臣、儒士聚在一起探究儒学要义，有时还会亲自讲学。

公元75年8月，48岁的明帝因病去世。明帝在政治、经济上采用了很多举措，使得搅扰汉朝多年的诸侯王之事得以解决，这为稳固封建中央集权做出突出贡献，他的治理政策对汉朝的君权统治影响很大，因此他被认为是汉朝非常出色的皇帝之一。

〔东汉〕蒲纹"宜子孙"玉璧

边疆名将

　　汉明帝在位期间，为了重新建立与失去联系多年的西域各国的友好关系，决定效仿先祖汉武帝，出兵西取北匈奴。由于外戚窦固熟知边境形势，因此明帝封其为奉车都尉，出征北匈奴。窦固最后在天山击败了北匈奴。天山战役的胜利，为东汉肃清北匈奴势力奠定了基础。此外，班超联合西域各国，增强了汉朝与西域诸国的友谊，窦宪消灭匈奴势力，稳定了边疆。

窦固战天山

　　窦固，祖籍陕西咸阳，字孟孙，喜好诗书和兵法。光武帝在位时，他继承父亲爵位，被封为显亲侯。明帝在位时，他出任中郎将和骑都尉。

　　东汉建立之初，匈奴因内乱分为南北两部分。没多

玉门关遗址

久，东汉就收并了南匈奴，并采用"以夷伐夷"的办法，命南匈奴单于驻扎云中（今山西原平地区）。明帝在位时，计划按武帝之法袭击北匈奴，打开通往西域之门，因此封熟悉边境形势的窦固为大帅，带领军队讨伐北匈奴。

公元73年2月，窦固等人攻进天山，还一直把北匈奴呼衍王追杀到了蒲类海（今新疆巴里坤湖地区）。这时，窦固又以班超为假司马，带领一些人马袭击伊吾（今新疆哈密地区），进而打通了去西域的通道。

公元74年冬，窦固、耿秉和骑都尉刘张率领汉军自玉门关（今甘肃敦煌市西北小方盘城）出发，大败驻守在白山的北匈奴军，接着又大败北匈奴的附属国车师（今新疆吐鲁番地区）。从此，东汉朝廷重新起用西汉时设立的西域都护和戊己校尉，再次掌控了西域。

打败车师之后，窦固就一直带兵驻守在边境。他采用根据习俗而笼络人心的办法来对待边境的少数民族。汉章帝即位后，封窦固为大鸿胪。只要边境出现重大变故，章帝通常都会征询窦固的建议。

在东汉初抗击北匈奴的战争中，将领窦固随机应变，战胜了北匈奴。此后，在他的管理下，北方边境出现稳定局面，对巩固和维持汉朝和各少数民族之间的友好关系起了巨大作用。

定远侯班超

班超，祖籍陕西咸阳，字仲生，生于书香门第。他的父亲班彪和哥哥班固都是史学家，妹妹班昭则是皇后的老师。班超志向远大，而且学习刻苦、反应机敏、有勇有谋。

公元62年，明帝就封班超为兰台令史，负责管理奏章和文书。公元73年，班超弃文从武，跟随窦固讨伐匈奴，并担任假司马一职。班超在这次战役中展露了他的军事才华，因而得到窦固的器重。

出于信任，窦固命班超带领郭询等36名随从出使西域，目的就是联络西域各国共同讨伐匈奴。班超不负众望，联合了鄯善国、于阗王国（今新疆和田地区）和龟兹王国（今新疆库车一带），准备一起讨伐匈奴。

接下来的十多年，班超带领汉军，联合西域诸国的势力，相继消灭了莎车、龟兹、慰犁、危须（今新疆博斯腾湖地区）、焉耆等地的强权势力，还打退了贵霜王朝（今阿富汗）的侵袭，从而名震西域。这时，汉朝已收复了50多个西域国家，班超也圆了自己在边疆建立功业的梦想。皇帝下旨奖赏他，赐他定远侯之号，因此后人也称他为"班定远"。后来，朝廷把班超调回洛阳，没多久他就去世了，时年71岁。

班超出使西域的30多年间，平定了内斗，抵御了外敌的入侵，为打通和稳固丝绸之路、增强汉朝和西域各国之间的友谊立下了汗马功劳，因此名垂青史，万古流芳。

窦宪大破匈奴

窦宪，祖籍陕西咸阳，字伯度。公元77年，窦宪的妹妹被章帝封为皇后，他因此成了外戚，后被升为侍中兼虎贲中郎将，并逐渐得到皇帝的信任。

和帝登基后，窦太后掌管朝政，身为国舅的窦宪对内掌控国家要务，对外发号施令，他的弟弟窦笃、窦景也都位高权重。公元89年春天，窦宪因事惹怒了窦太后，为求自保，就奏请皇帝，表示自己愿意出征匈奴，借此将功赎罪。于是，以窦宪为主将、耿秉为副将的大军和北方的汉军及羌胡军一起出兵攻打北匈奴。

公元89年夏，汉军分兵三路总攻北匈奴。北匈奴大败，贵族闻犊须、日逐等带领81个部落，大概20多万人归顺汉军。公元91年，窦宪命部下耿夔、任尚、赵博等带领将士袭击北匈奴的余兵，并取得了胜利，至此，北匈奴彻底被消灭。

窦宪居功自傲、权倾朝野。公元92年，他的亲信邓叠、邓磊、郭举和郭璜等人相互串通，常常擅入后宫，暗通太后，并想除掉和帝。和帝知道了他们的计划，就和一向足智多谋、稳重小心的郑众商定了除掉这些乱臣贼子的计策。最终，窦宪及其手下由于东窗事发，被逼自尽了。

倘若只论战绩，窦宪不输卫青及霍去病，但遗憾的是，卫、霍功成名就，百世流芳，而窦宪则臭名远扬，自食其果。两相比较，令人叹息。

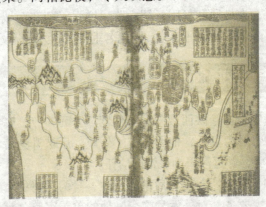

〔汉〕西域诸国图

邓绥临朝摄政

汉和帝驾崩后，即位的皇帝年幼无知，皇太后邓绥只好执掌朝政。邓绥以窦氏外戚掌权时损害国家利益为鉴，极力约束邓家人的权力。因此在她掌权时，外戚干预朝政的事情几乎没有发生过。邓绥掌权的20年间，东汉国家安定，百姓富足，政治较清明。

入主后宫，册立为后

汉和帝的皇后邓绥祖籍河南新野，她的爷爷是东汉建国功臣邓禹。邓皇后的父亲是在少数民族中声望很高的护羌校尉邓训，她的母亲是阴丽华的侄女，可见她家族之显贵。邓绥自幼就懂得经史，知书识礼。

公元95年，16岁的邓绥被召入宫中，没多久就凭着文静的个性、美丽的容貌和卓越的才华做了贵人。她谦恭谨慎，做事妥当，非常照顾其他姬妾和宫中的奴婢，因此得到了宫中所有人的爱戴。

邓绥为人小心慎重，和帝非常喜欢她。众人赞赏邓绥的话也越来越多，这可惹急了阴皇后，无计可施的阴皇后就用巫术对邓绥下了诅咒，想

〔汉〕跪坐拱手陶俑

除掉她。

和帝发现阴皇后憎恨邓绥，就时刻防备阴皇后。102年，阴皇后及其外婆邓朱暗地里使用巫蛊之术诅咒邓绥一事被人揭发。事情败露后，和帝就毫不留情地废掉了她。

102年冬，大臣奏请皇帝册封皇后，和帝对大臣说道："皇后的册封关系重大，所以不能草率行事。邓贵人的品德在后宫无人可及，她是皇后的最合适人选。"没过多久，邓绥就做了皇后。

临朝听政，邓氏遭诛

105年，和帝驾崩，邓绥无子。此前已有十几个皇子相继早亡，后妃认为后宫不吉，因此多把后来生下的皇子偷偷地送到民间抚养。不久，年仅25岁的邓绥就决定迎接出生才百天的殇帝回宫继承皇位，她自己则成了皇太后，执掌大权。邓绥由于年纪轻轻就守寡，行动很是不便，就封其兄邓陇为车骑将军，命其随时待命入宫商议大事。

邓绥掌权后，竭力减少皇宫内外的开支。另外，她还下旨禁止御府、织室、尚方等制造刺绣、透明的纱罗、起花的绸缎、珠玉、犀角象牙、玳瑁等精磨细琢的东西，并减少了储存在离宫别馆中的粮食、柴木等。

106年，殇帝早逝，邓绥立清河王刘安13岁的儿子刘祐为帝，即汉安帝，自己继续执掌朝政。连续的国丧导致民众劳役加重，为此，邓绥量力而行，将殇帝陵墓中的陪葬品和修筑陵园的耗费都减少了很多。

邓绥一直都很约束邓家的子弟，可由于此时她已是名震天下，朝廷内外的人都阿谀奉承邓家子弟。但在她的严格约束下，邓家人全都遵纪守法。

121年，时年41岁的邓绥吐血身亡。邓绥辞世后，安帝的乳母借机污蔑邓绥。于是，安帝下旨免掉了邓家所有人的官职，还抄了邓骘的家，把他赶回了封国。此后，邓骘父子和邓豹、邓遵、邓畅等人相继被逼而死。

邓绥是个十分优秀的皇后，也是东汉杰出的政治家之一。她为人大方，勤俭朴素，不喜奢华，十分关心民众疾苦，并能致力于减少他们的负担，因此受到百姓的爱戴。

〔东汉〕双耳青瓷瓶

外戚阎氏乱政

邓太后离世后，昏聩无能的汉安帝开始亲政，他一直很宠信外戚阎氏一家，并很快使阎氏一族掌控了朝政。阎氏一族掌权后，败坏朝纲，腐败残暴，排除异己。阎氏各部亦是各有想法，明争暗斗，貌合神离，这么一来，朝廷更加混乱，统治更加腐败。自此开始，本已衰落的东汉王朝再无兴旺之势。

阎姬入宫，即得宠幸

阎姬，祖籍河南荥阳。汉明帝时，她的爷爷阎章担任尚书，后来又担任步兵校尉。阎章的儿子阎畅就是阎姬的父亲，阎畅生有阎显、阎景、阎耀、阎晏和阎姬四儿一女。阎姬是阎畅唯一的女儿，因此自出生起，就成了父母的宝贝，非常受宠爱。阎姬成年后出落得非常标致，有倾国倾城之貌，除此以外，她还非常聪颖、颇有才华。因此，在114年，阎姬凭借"才色"被召入宫中。

那时，邓太后一直执掌大权，所以安帝就流连于花天酒地之中。阎姬入宫后，安帝被她的姿色迷倒，相见恨晚之情油然而生。没过多久，汉安帝就将阎姬封为贵人。

115年，安帝又封阎姬为皇后，册封大典之后，阎姬欣喜若狂地住进了中宫。

阎姬以受安帝宠幸为荣，深居后宫，专横跋扈，不能容忍安帝宠幸其他妃嫔，因此便常常残忍地杀害被安帝宠幸过的妃嫔。

阎皇后自入宫起就未曾生下一儿半女，因此她非常害怕自己的皇后之位不保。后来，有一个李姓宫人生下一个皇子，名叫刘保，这使阎皇后昼夜无眠，于是她就和哥哥阎显一起毒死了李氏。可安帝并没有责备她，对她如此恶毒的行为，也不加过问。

专权乱政，兵变遭诛

121年，邓太后因病去世，安帝开始掌权。阎姬请求安帝封赏自己的四个兄弟，因此，她的四个兄弟很快就被升为了卿校，管理全国的禁兵。122年，安帝又赐阎显长社侯之号，并追封他已经过世的母亲为荥阳君，同时还加封阎显兄弟家年仅七八岁的孩子为黄门侍郎。

125年，安帝在南巡途中离世，阎姬带着安帝的尸体回京举行丧礼，并以太后的名义处理朝政。为了稳固自己的地位，她封其兄阎显为执掌兵政之权的车骑将军，并册立汉章帝之孙济北王刘寿的儿子，即少不更事的北乡侯刘懿为帝，是为少帝。

为了总揽朝中大权，阎显逼死了国舅耿宝、中常侍樊丰等人。阎显还将安帝的乳母野王君王圣和她的女儿流放到了雁门关地区，并找借口处死了王圣的女婿以及黄门侍郎樊严和大将军长史谢恽。此后，阎太后就真正掌控了朝中大权，阎氏一族全都位列高官。

不久，即位仅七个月的少帝刘懿因病去世。阎氏兄弟恐大臣册立别人为帝会对自己的权力产生影响，就没将此事告知天下，计划再立一个傀儡皇帝。

不料，宦官孙程等人借未册立新帝之机，先带领宫兵发起了兵变，拥立被废的皇太子——济阴王刘保为帝，即顺帝。接着，孙程带领禁军卫队以汉顺帝的旨意杀死了阎景，阎太后只得交出玉玺。随后，孙程处死了阎显、阎耀和阎晏，又将阎太后囚禁在了冷宫，没过多久，惊恐无措的阎太后就病亡了。

　　阎氏外戚掌权之时，朝中一片混乱，民不聊生，这使得本就破败不堪的东汉王朝在灭亡之路上又迈进了一步。阎氏族人最终没有好下场，东汉王朝经过他们的胡作非为也已经穷途末路了。

〔东汉〕宅院画像砖

跋扈将军梁冀

汉顺帝驾崩后，外戚梁冀执掌了大权。他奢侈和腐败到了极点，同时，梁氏一族倚仗权位目空一切，狂妄自大，朝廷上下的官员都很害怕他们，连皇帝也不敢过问他们的任何事情。东汉外戚权势最盛的时期、统治最杂乱的时期，都处在跋扈将军梁冀执掌大权的20年间。

纨绔子弟，总揽朝政

梁冀，祖籍甘肃平凉，字伯卓。他的先祖梁统是东汉开国元勋之一，他的父亲梁商官至大将军。梁冀出身官宦之家，是个花花公子，可他又精于官场上的各种门道，为人更是心狠手辣。

132年，梁商的女儿梁妠被顺帝册封为皇后。此后，梁商就官运顺畅，官拜大将军。梁商去世后，梁冀继任了父亲的大将军一职，并执掌了朝政。

〔汉〕青玉益寿谷纹璧

144年，顺帝去世，不到一岁的太子刘炳即位，即冲帝。不到一年，冲帝又因病去世。那时，清河王刘蒜和渤海孝王的儿子刘缵都是皇帝的人选。太尉李固等人劝梁冀立年纪较长的刘蒜为帝，可梁冀及其妹梁太后想要总揽朝政，最终立时年8岁的刘缵为帝，即汉质帝。

汉质帝虽然只有8岁，却非常聪颖，他非常不满梁冀独揽大权。一日，当着满朝文武大臣的面，汉质帝就冲梁冀说："大将军乃跋扈将军也。"梁冀听完这话，勃然大怒，他害怕质帝长大后会影响自己执政，就私下把质帝毒死了。

质帝过世后，梁冀想立要与其妹成婚的刘志为帝，但以李固为首的满朝大臣都认为应当立清河王刘蒜为帝。梁冀就让梁太后免了李固的职，封自己的心腹胡广为太尉，最终刘志被册立为帝，即汉桓帝。

权倾朝野，恶贯满盈

147年，梁冀的妹妹被桓帝封为皇后，至此，梁冀的两个妹妹分别成了皇太后、皇后，他的地位也就更加稳固了。后来他的弟弟梁不疑、梁蒙分别被赐颍阳侯、西平侯的封号，他的儿子梁胤则被赐号襄邑侯。桓帝为了巴结梁冀，还特许他可以带剑上朝，把所有政事都交与他处理，并命被任免的官员都要先去梁冀家中叩谢，之后再去尚书台办理相关手续。

即便这样，梁冀觉得自己为桓帝登基立下了大功，还总是管制桓帝，桓帝为此非常不满。159年，桓帝偷偷在厕所里见了宦官唐衡，问他官员中谁与梁冀有隙，唐衡说中常侍单超、徐璜和黄门令具瑗一向与梁冀不和。桓帝就在密室中召见了单超等人，并对他们说道："梁氏一门执掌大权，权倾朝野，我想铲除这些奸佞，你们觉得怎么样？"这几个人听后，也义愤填膺地说早就该杀了梁冀这样的奸佞，希望皇上早做决定。

梁皇后死后，桓帝命宦官单超、具瑗、唐衡、左悺、徐璜等人率军包围了梁冀的宅院，最后处死了梁氏一族的所有人，随后又没收了梁冀的家产，那些家产的价值和东汉王朝半年的税收差不多。之后，桓帝又派人杀死了几十个被牵涉进此案的公卿、列校、州刺史等官员，罢免了将近300个梁冀的旧时属吏和宾客。这一举之后，朝中一片空荡，可见梁冀势力之重。

梁氏被满门抄斩，实属报应。而东汉王朝的外戚专权在梁氏被诛后也几乎走到了终点，但是这却没能阻止东汉王朝衰败的脚步。

〔东汉〕马踏飞燕铜雕

党锢之祸

桓帝和灵帝在位之时，宦官专权，民生凋敝，民怨沸腾，昏君和佞臣把东汉一步步推向了灭亡。一些太学生实在看不下去了，就在出身世家大族的李膺等人的组织下联名奏请皇帝铲除宦官、进行政治改革，可众人最后却遭到了宦官的残酷迫害，这就是历史上有名的"党锢之祸"。朝廷的腐朽破败导致了"党锢之祸"，这也从侧面反映出东汉王朝大厦将倾。

党人议政，宦官加害

东汉时，许多儒生在讲学的闲暇，常常谈论朝事，评论当朝的名人，人们称这种评论为"清议"。擅长清议之人被时人称为名士，他们对某个人的评价，能够有效地支配民众的观点。那时，在野的名士和太学生经常联名上书，干涉朝政，影响不容小觑。

桓帝在位之时，李膺、陈蕃等刚直的官吏受到名士和太学生的普遍尊重，他们一起与宦官集团展开了殊死搏斗。那时，宦官张让之弟贪得无厌，喜好杀孕妇，任司隶校尉的李膺就将其抓获后斩首了。宦官们见李膺如此严厉，都收敛了一些，但他们随时盘算着杀死李膺。

这时，和宦官来往密切的方士张成的儿子因杀人而被李膺处死。张成就想让侯览、张让为自己报仇。侯览让张成向皇上告发李膺、太学生和名士联手诋毁朝廷之事。张成上书说李膺等人诋毁朝廷、败坏风气。他还把与他们对

〔东汉〕青玉云纹枕

抗的所谓"党人"的名单也一起献给了皇上。

张成的弟子牢修也在皇帝面前诬陷李膺，说他与太学生交好，还诋毁朝廷。桓帝大怒，就下旨抓捕李膺等人，宦官见报复的时机已到，就肆意搜寻，搅得朝廷内外人人自危。桓帝还罢免了为李膺说情的太尉陈蕃。

李膺等人在被审讯时，故意牵涉进一些宦官，宦官为此很担心。太学生知道窦皇后之父窦武憎恨宦官，就去向他求助。窦武劝说桓帝放了党人，不然，天下人就会对朝廷失望。因此，167年，桓帝下旨放了200多党人，第一次党锢之祸就这样结束了。

铲除奸宦，事败被锢

桓帝死后，窦太后和她的父亲窦武立13岁的刘宏为帝，即汉灵帝。窦太后执掌朝政，大将军窦武和被重新起用的太傅陈蕃辅政。窦武和陈蕃都极其厌恶宦官，在窦太后的帮助下，他们除掉了朝中的两个宦官管霸和苏康。此后，窦武又密谋把大宦官曹节等人除掉，不料计划泄露，窦武、陈蕃等人被杀。

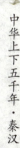

之后，宦官们就给自己加官进爵，彻底掌控了东汉政权。灵帝刚即位时，年幼不懂事，长大后又沉迷于酒色和聚敛钱财，昏庸荒唐。宦官侯览的母亲和家人在山东老家肆意妄为，山东贤士张俭奏请皇帝罢免侯览。侯览就教唆无赖朱并诬陷张俭与郡里的24人结党，准备起兵反叛朝廷，并劝说灵帝逮捕张俭。张俭虽最终逃到塞外，然而，宦官们却趁机肆意地捕杀帮张俭脱离险境的人，并下令抓捕一直与宦官作对的所谓"党人"。

抓捕党人之诏一出，全国一片混乱。李膺再次被抓入狱，后被毒打致死。之后，贤士范滂、杜密、虞放等人也因遭陷害而惨死，还有将近1000人因受牵连而被流放、禁锢或是斩首。

176年，永昌太守曹鸾奏请皇帝放过被囚禁、流放的党人，宦官因此打死了曹鸾，并诛杀了党人的众多亲戚，宦官迫害活动至此达到了顶峰。这就是第二次"党锢之祸"。

在两次党锢之祸中，党人不惧强权，以死反抗宦官，这种精神鼓舞着后世人，他们舍身求仁的志气必将流芳千古。这两次灾祸后，东汉的社会局势更加混乱、难以收拾。

昏庸无能汉灵帝

东汉王朝最黑暗的时期是汉灵帝在位之时，灵帝是个非常淫乱昏庸的君主，他统治之时，宦官当道并执掌了皇权。宦官们肆意妄为，残暴地抢夺百姓的家财，大造宫室林苑，搜刮民脂民膏，致使百姓忍无可忍而起兵反抗朝廷。

临朝执政，荒淫无度

168年，汉章帝的玄孙、汉桓帝的远房堂侄刘宏即位，即汉灵帝。他为了自在地玩乐，就让宦官处理朝政。张让、赵忠等十名在他身旁的宦官，都曾被封为中常侍，当时人称"十常侍"。这些宦官都是侍奉皇帝的人，他们

〔东汉〕墓室壁画《乐舞百戏图》

〔东汉〕击鼓说唱俑

为了掌权，就为年幼的皇帝找寻不同的、刺激的玩法，好让他只知享乐，不理朝政。灵帝觉得这些宦官非常了解他的心意，就更加宠信他们。一次，他竟然说："张常侍是我父亲，赵常侍是我母亲。"

灵帝成年后开始亲理朝政，并封宋氏为皇后。宋皇后是个温和贤淑的人，但是灵帝并不喜欢她，没多久就找理由将宋皇后废掉了。灵帝肆意寻欢作乐，只要看见长得比较俏丽的宫女，就绝不放过。

186年，灵帝命人在西园建造了1000间房屋，并在台阶上铺盖绿色苔藓，在渠水中种上将近一丈高的"夜舒荷"。这些荷花是南国的贡品，每个茎上长有四莲，花大如盖，荷叶白天卷上，夜晚张开。西园有如仙境，灵帝让宫女们脱光了衣服在其中玩耍。有时他来了兴趣，也会脱光衣服和她们一起玩耍，他还为这座花园起了个"裸泳馆"的名字。

灵帝夜以继日地在裸泳馆里和宫女们寻欢作乐。为了得知准确的时间，他在裸泳馆的北侧建了一座鸡鸣堂，养了许多鸡。而他旁边的内侍为了让皇帝继续玩乐下去，就争着模仿鸡叫，致使后来灵帝都不知道自己听到的是人声还是鸡叫了。

卖官鬻爵，搜刮民财

178年，灵帝下旨允许买官，地方官比朝廷官价格高，2000万钱可买郡守级官职，400万钱可买县令级官职，500万钱可买关内侯。对于朝廷中权力最高的三公九卿这样的职位，灵帝则命其心腹与想得到这些职位的人暗中进行买卖，以防止被外人知晓。

灵帝还根据买官者的地位和财富来及时进行任免。例如，贤士崔烈用半价就可做司徒，宦官曹藤的养子曹嵩（曹操父亲）的家里极其富有，他用定价的十倍，即10000万钱买了太尉一职。后来，只要是官职就要靠买卖来得到，常常是一个官员刚到任没多久，另一个官员就又到任了，有时一个月内，州郡官要换好多次。官吏担心自己没了本钱，一上任就大肆搜刮钱财，为了免遭浩劫，百姓甚至卖掉仅剩的口粮，以保证新任官吏一上任就能拿到钱。

189年，34岁的汉灵帝结束了他淫乱奢靡的一生。汉灵帝执政的这段时间是东汉历史上最为黑暗的时期，朝中大臣对百姓的压榨迫害也达到了最高点。可以说汉灵帝直接促使了东汉的覆灭。

黄巾起义

东汉后期，朝廷和地方都一片混乱，百姓更是苦不堪言，农民和强权地主的矛盾也越来越不可调和，这些因素最终导致了以张角为首的黄巾军起义的爆发。起义军搅乱了地主阶级的封建统治，在起义军的打击下，东汉王朝灭亡在即。

矛盾激化，揭竿而起

灵帝在位时，各地就不断有小规模的农民起义爆发。朝廷虽然平定了这些起义，却没能安抚日益高涨的民怨。那时有一首歌谣形象地反映了当时民众要和东汉统治者同归于尽的决心："发如韭，剪复生；头如鸡，割复鸣。吏不必可畏，小民从来不可轻。"

黄巾起义正是在这种情况下爆发的。黄巾起义首领张角，祖籍河北平乡，起初他创建了"太平道"，借助行医暗地里传授教义，并聚集民众，很多贫穷百姓都很拥戴他，尊称他为"大贤良师"。十几年下来，太平道的信徒达到了数十万人，统一由张角指挥。

张角还大肆散播"苍天已死，黄天当立，岁在甲子，天下大吉"的预

〔东汉〕
"苍天乃死"字砖

〔东汉〕玉豚

言。"苍天"指东汉，"黄天"指太平道所勾勒的太平盛世。

184年，因为叛徒泄密，起义计划全部泄露，1000多名京城的信徒被杀害。灵帝还下旨捉拿张角，张角赶紧通告各处的信徒，让他们立即起兵。起义军的将士都头戴黄巾，因此这次起义又被叫作黄巾起义。起义军不但人数很多，而且军纪严明，因此在刚刚起义时，连连取得胜利。

张角自封为"天公将军"，又封他的弟弟张宝为"地公将军"、张梁为"人公将军"。"神卜使"张曼成带领南阳黄巾军驻守在宛城，他们是黄巾军南方的主力部队；以波才、彭脱为首的黄巾军掌控了颍川（今河南禹县）、汝南、陈国（今河南淮阳）等地，他们是黄巾军东方的主力部队。

灵帝以最快的速度调派各地精兵良将去围剿黄巾军。各处的强权势力也相继起兵，准备和朝廷一起铲除起义军。这些势力的首领包括袁绍、袁术、公孙瓒、曹操、孙坚、刘备等。

转战南北，兵败而终

面对朝廷的围剿，黄巾军英勇反抗，并多次取胜。在京都洛阳，以波才为首的颍川黄巾军大败以皇甫嵩和朱儁为首的四万多官兵。

不久，灵帝调遣皇甫嵩去河北前线，并命其彻底剿灭以张角为首的农民军。

　　不幸的是，张角此时因病去世，以张宝、张梁为首的黄巾军继续对抗官兵。在农民军的重创下，皇甫嵩再也不敢轻易出营作战。之后，张梁因轻视敌军，致使农民军遭到了官兵的突袭。以张梁为首的三万黄巾军战士全部牺牲，众多将士的亲属也都被官兵杀害。随后，以张宝为首的十万黄巾军战士在下曲阳遭到了皇甫嵩的围剿，全军无一幸存。皇甫嵩进城后甚至还把张角的尸体从棺材中挖出来鞭尸。

　　185年春，以波才为首的黄巾军败于皇甫嵩、朱儁。以张曼成、赵弘为首的黄巾军也相继失败，宛城陷落。很快，汉军又一次在苍亭大败东郡（今河南濮阳市西南）黄巾军卜已部，杀死了7000多义军，并捕杀了卜已。至此，汉军消灭了东郡、汝南、颍川三郡黄巾军的主力部队。

　　黄巾军主力部队被剿灭后，残部和各处的农民武装仍继续进行战斗，持续了二十几年，沉重打击了各地的割据军阀和强权势力。

〔西汉〕龙纹熏炉

　　黄巾起义被誉为我国古代史上少有的有组织、有计划、有纲纪的起义。它公然宣称要消灭东汉王朝，创立农民政权，比之前的农民起义有很大的进步。东汉王朝尽管最后残忍地镇压了黄巾起义，可是由于起义军的重创，东汉王朝也名存实亡。

东汉文化

佛教入华

自西汉张骞出使西域，到东汉初期，汉朝与西域各国在经济、政治、文化上一直保持着友好的关系。这期间，源自印度的佛教开始传播到西域各国，并最终由西域传到了中国。

光大佛教，传入西域

佛教乃印度古老的宗教。佛祖乔达摩·悉达多用了十几年的时间潜心修行，到35岁时，终于修成正果。之后，他就开始授徒传道，最终创立了佛教。

佛教认为人一辈子都要受苦，且只有苦没有乐，但众生不知这些，反而以苦为乐。所谓"苦谛"说的就是人一辈子有八种苦，分别是生、老、病、死、爱别离、求不得、怨憎会、五阴炽盛；所谓"集谛"说的就是人们总爱自讨苦吃，最终因集苦而酿成苦果；所谓"灭谛"说的就是要想不再有苦因苦果，就要远离痛苦寻找快乐；所谓"道谛"说的就是要寻找道义，让自己的思想境界有所提高。

在印度阿育王的支持下，自公元前3世纪起，佛教很快就传播到了缅甸、斯里兰卡和中亚、西域等印度以外的一些国家和地区。公元前2世纪，印度西北的舍竭国遭到了大夏国的侵袭，那时，佛教已经在舍竭国传播，所以又很快就传播到了大夏国。

公元前130年，大夏受到大月氏的入侵，从此大月氏人也开始崇信佛教。大月氏侵占其他地区后，这些地区的人

洛阳白马寺

也就开始信仰佛教。如此一来，大月氏就将佛教传播到了西域各国。此后，西域到汉朝的使者和商贩又成了首先在中国传播佛教的人。不过在西汉后期，中国百姓仅把佛教看作一种风俗，没人把它当宗教来信仰。后来，被盘剥欺压的百姓由于无处申冤，加上佛教主张众生安于磨难，积累善果，因此百姓渐渐对佛教有了很浓厚的兴趣。

成文的佛教经典出现于公元前1世纪以后，此前，人们都是靠口头来传播佛教教义的。

佛教入华，影响深远

佛教传播到中国的时间大概在公元2年。那一年，大月氏使者伊存到京都长安，向博士弟子景庐口授佛教的《浮屠经》。

公元65年，明帝命蔡愔和秦景等人去西域求取佛教教义。过了三年，他们终于到了西域的大月氏国（今阿富汗境至中亚一带），并遇到了摄摩腾和竺法兰两位得道的印度僧人。他们二人藏有很多经文，这些经文都是写在便于书写的坚硬的贝多罗树叶上的，因此人们称之为"贝叶经"。

两位高僧受到蔡愔和秦景的邀请，欣然来到了中国。蔡愔、秦景和二位高僧用白马驮着佛经、佛像回到了洛阳，此乃中国佛教史上的首次"西天取经"。明帝刘庄非常欣喜，随后就命两位高僧暂住鸿胪寺，此寺是掌管外交礼宾事务的府衙。不久，明帝便建造了有名的白马寺供高僧居住。

佛教传播到中国后，得到了一些皇族的崇信。东汉皇帝崇信黄老学说和神仙方术，因此有人常常把佛教和黄老学说放在一起谈论，还一起供奉佛像、神仙像和老子像。不过东汉时，佛教并没有在民间广泛流传，直到魏晋南北朝时，佛教信仰才在民间普及。

佛教文化是中国封建文化的重要组成部分，它在传入中国以后，深刻影响了中国古代的历史、哲学、文学、艺术等文化领域。

东汉名流

东汉是我国古代文化发展的重要阶段，其200多年间的发明与创造，在中国文明史上占有辉煌的地位。无论是史学、文学、艺术，还是科学技术，都取得了重大的成就。这些成就离不开这一时期为文化发展不懈努力的学者名流，如造纸术的改造者蔡伦、发明地动仪的天文学家张衡、史学家班固、医学家张仲景和华佗等人。

蔡伦造纸

我国古代四大发明之一的造纸术，是中华民族为世界文明的发展做出的一项非常重要的贡献。造纸术发明于西汉，东汉时开始广泛流行，而促使其发展的核心人物就是蔡伦。蔡伦祖籍湖南宋阳，字敬仲。他出身贫寒，但聪颖机灵，15岁进入洛阳宫成为太监，受到邓太后的赏识。

在汉代，书籍多为刻在竹简上，也有人在缣（白色细绢）和帛上书写，可竹简过重，缣帛又价格昂贵。蔡伦在担任尚方令时，决心改进造纸术。蔡伦以树皮、麻皮、废渔网为主要原料，将它们捣碎后做纸浆，又用"漂絮"的方法，用席子打捞纸浆，这样，纸浆就在席子上形成了一层薄膜，晾干后就是纸。105年，蔡伦把这种纸献给了皇帝。皇帝非常高兴，并下旨把这种纸推广到全国，时人称之为"蔡侯纸"。

指南针、造纸术、印刷术、火药是我国古代的"四大发明"，其中的造纸术经中土传入西域，并由西域传至安

息、大夏，进而传进欧洲，为世界文明的发展做出了非常重要的贡献，对世界历史进程也产生了深远的影响。蔡伦因此被誉为造纸术的改革者，在历史上有很高的地位。

天文学家张衡

张衡，祖籍河南南阳，字平子，出身士族大家，东汉时著名的天文学家、文学家。起初，张衡专心于文学创作，用十年时间写成了流传千古的《二京赋》。34岁以后，张衡渐渐对哲学和自然科学有了兴趣，并着手探究机械制造技术，潜心钻研天文、气象、岁时节候等的推演计算。汉安帝封他为郎中，之后又升他为太史令。这样，张衡在朝廷的支持下更深入地探究自然界的各种变化因素。

117年，张衡发明了铜铸的浑天仪，它是世界上首架用铜壶滴漏带动的浑天仪。132年，张衡又用精铜制作了地动仪。张衡制作的地动仪比欧洲制作的相似仪器早了1700多年，是世界上首架预测地震的仪器。这架地动仪的精密，充分表现了张衡的才智，还表明，我国古代的冶金、铸造、计量等技术已经达到了非常高的水平。张衡还发明了用来测定风向的候风仪，称"相风铜鸟"。此外，他还制作了计里鼓车、指南车、测影土圭、独飞木雕等。张衡著有《历法灵宪》和《算罔论》，并写了自然科学、哲学、文学等方面的作品30多篇，极大地推动了我国古代历法、算学、哲学和文学艺术的发展。

139年，张衡因病去世，终年61岁。郭沫若曾这样评价张衡："如此全面发展之人物，在世界史中亦所罕见，万祀千龄，令人景仰。"

史学大家班固

班固，祖籍陕西咸阳，字孟坚，出身士族大家，东汉著名的文学家和史学家。他用了将近30年的时间，以父亲班彪的作品为根基，创作了继《史记》之后我国古代的又一部非常重要的史书《汉书》。《汉书》是我国首部纪传体断代史史书，被后人称为"正史的楷模"。

人们将《史记》和《汉书》合称为"史汉"，将司马迁和班固合称为"马班"。《汉书》被后人分为120卷，原书共有十二本纪、八表、十志、七十列传，主要记载了公元前206年至公元23年的史事。班固的妹妹班昭和学者马续在他死后添加了一些资料，撰写了部分表和志。

公元63年，班固被明帝封为兰台令史。没多久，他又被升为郎官兼典校秘书，奉旨修改史书。这期间，明帝还命他和陈宗、尹敏、孟异等人一起创作《世祖本纪》。后来，他又和别人一起写作了28篇功臣列传、载记等。

公元79年，章帝和众多名儒一起在白虎观探讨五经的区别，身为史官兼记录者的班固奉旨把探讨的结论编辑成了《白虎通义》。

在汉代，班固的辞赋也比较有名，《两都赋》是他的代表作。此外，《咏史诗》也是班固的作品，这首诗被认为是现存最早的五言诗。

王充《论衡》

王充，祖籍浙江上虞，字仲任，东汉思想家。他游学于京都洛阳，并师从汉代有名的学者、才华横溢的儒学大师班彪。

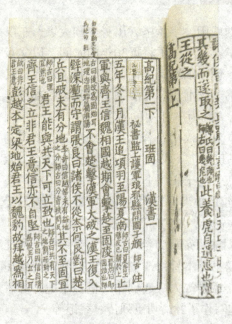

《汉书》书影

为了阐述世间万物的区别，为世人解疑，王充撰写了《论衡》一书。经过艰苦创作，他终于写就了有20多万字，包含85篇文章的《论衡》。这是一部非常重要的唯物主义无神论著作。王充权衡了汉朝和汉朝之前的所有学说、思潮，并对它们进行了评判，还抨击了不切实际的学说。他以先人的"元气"论为前提，以道家黄老学说中的"自然无为"为基本观点，阐释了元气自然论。在他看来，客观存在的物质实体包括天与地，而构成实体天地和世间万物的最原始的元素就是"元气"。

《论衡》驳斥了汉朝皇室所倡导的唯心主义先验论和守旧的尊崇孔子的观点，在当时影响很大。另外，《论衡》还使人们对鬼神的存在产生了疑问，在一定程度上起到了解放思想的作用。

王充是东汉杰出的唯物主义思想家和教育家，他不断地和君权神授等传统观念作斗争，并以其抨击精神和多年的教育实践为基础，陆续提出了许多新的观点，极大地推动了唯物主义教育理论的发展，堪称一位出色的唯物主义斗士。

一代医圣张仲景

张仲景，祖籍河南邓县，字仲景，名机。他出身士族大家，父亲张宗汉是朝中官员。东汉后期，瘟疫蔓延，无数百姓死于疫病，因此张仲景立志行医，救济天下苍生。

从那以后，张仲景就开始潜心研究医学。几年过去后，他已经诵读了当时能见的几乎所有医学书籍，更加通晓医学知识。后来，他为了多积累经验，就开始从师学医。他得到名医张伯祖的真传，又潜心总结自己行医的经验，终于写成了36卷的《伤寒杂病论》，后人称之为"医方之祖"。此书成书后广泛流传于民间，晋代时，名医王叔和又对其做了修整。宋代时，这部书渐渐被分为《伤寒论》和《金匮要略》两部分，《伤寒杂病论》中的"伤

中华上下五千年·秦汉

147

医圣祠

寒"收归《伤寒论》，"杂病"部分全部收归《金匮要略》。后世的医者将《伤寒杂病论》奉为医经，将张仲景奉为"医圣"。

张仲景一生有很多著作，除《伤寒杂病论》之外，他还撰写了十卷《辨伤寒》，一卷《疗伤寒身验方》，二十五卷《黄素药房》，三卷《评病要方》，两卷《疗妇人方》，一卷《五脏论》，一卷《口齿论》，遗憾的是，这些著作大部分都已经散佚。

由于比较完善地记录了"理、法、方、药"，张仲景的《伤寒杂病论》被誉为人类医药史上首部较完善的医学著作。他首次全面、详细地论述了流行病和各种内科疑难杂症的病理、病因及治疗准则和方法，为后代临床医学的发展打下了坚固的理论根基，因此"医圣"之誉，可谓实至名归。

中华神医华佗

　　华佗，祖籍安徽亳州，字元化。华氏原为士族大家，可当华佗降生时，家道已经中落。华佗年轻时在各地求学，饱览诗书，也非常喜欢医学和养生学。他曾师从众多名医，谦虚地向他们学习，为了奠定医学理论基础，他还研读过医学名家扁鹊、张仲景的医学典籍。

　　东汉后期，民生凋敝，华佗目睹了朝政的腐朽和百姓的疾苦后，决定从医。他相继婉拒了邀他做官的太尉黄琬、举荐他为孝廉的沛国相，穿着粗布衣服，在各地为百姓治病。要是碰到了穷苦的百姓，他就不收取医药费用。

　　华佗以前人的经验为基础，不断改进自己的医术。体外挤压心脏法和口对口的人工呼吸法正是他在潜心研究下发明的，而"麻沸散"和"五禽戏"则是他最为出色的发明。

　　就在华佗行

刮骨疗毒

走各地治病救人之时，曹操召见了他。曹操一直以来就有头风病，每次犯病都头痛欲裂，他见华佗医术高明，就将他留了下来。犯病时，只要华佗刺他的鬲俞穴，头就不疼了。可华佗想为天下百姓做事，不愿意伺候豪门贵族，就谎称妻子得病请假返乡，离开后很长时间都没回到朝中。曹操命人去调查，发现华佗妻子并没生病，一怒之下就处死了华佗。

　　华佗一生都在治病救人，近代的西方学者认为华佗是古代东方医学的出色代表之一，可以和西方的医学之父希波克拉相提并论。华佗以其卓越的医术而被百姓称颂，他去世后，人们为了纪念他，在很多地方都建了"华祖庙"。

书 目